내 안의 파노라마

정호백 수필집

교음사

책을 열며

  2022년 수필작가로 등단 후, 작가의 강으로 나아가지 못하고 시냇물에서 첨벙거리기만 했습니다. 그렇게 시간만 보내다가 '수필집 발간'이라는 깊은 물을 만났습니다. 깊은 물은 나에게 시냇물을 거슬러 지나온 길부터 살펴보라 했습니다.
  하지만 내가 겪어 온 길이 화려하지도 않고, 성공한 길도 아니어서 망설여집니다. 그래도 길에 담긴 내 생각과 그 시절의 이야기를 찾아보기로 했습니다.
  마침내 어느 날, 내 안에 있는 길을 꺼냈습니다. 그러자 눈앞에 시간과 공간이 어우러진 광경이 펼쳐졌습니다. 나는 그 장면을 『내 안의 파노라마』라고 이름 지었습니다. 그 파노라마는 내 안에만 있어 누구도 볼 수 없기에, 그 순간순간을 책에 담으려 합니다.
  길 위에서 일어난 일은 평온할 때도 있지만, 굴곡지고 험난한 일이 대부분이었습니다. 맑은 날보다 눈비와 바람으로 궂은날이 더 많았습니다. 돌발 행동으로 엉뚱한 곳에 불시착하여 힘겹게 헤쳐 나갈 때도 있었습니다. 이런 모든 광경이 파노라마로 보였습니다. 길 위의 주인공이 나일지라도, 그 시절에 얽힌 이야기를 쓰려 합니다.

그 이유는 나와 함께 한 그 시절에 감사의 마음을 전하고, 길에서 얻은 것을 세상에 되돌려 주고 싶어서입니다. 그래야 모든 게 공평하다는 생각입니다.

나의 흔적을 드러내는 것이 두렵기는 해도 내 안의 파노라마를 책 안에 담을 것입니다. 이 책이 전환점이 되어 '비구름 속 파노라마'가 '햇살 환한 파노라마'로 되리라 믿습니다. 그리하여 깊고 넓은 작가의 강으로 떠날 것입니다.

나의 글이 나오기까지의 과정은 우연이 아닙니다. 수필작가 등단의 계기를 만들고, 글을 지도해 주신 최남미 선생님께 감사드립니다. 또, 함께 하면서 격려도 해 주신 문우 선생님들, 글 소재가 될 소중한 경험을 함께한 지인, 친구들 감사합니다. 그리고 『내 안의 파노라마』가 마무리될 수 있게 지켜봐 준 아내와 가족에게 고마움을 전합니다.

2024년 11월 저자

차례

▸ 책을 열며

1. 함께하여 더 즐거운 세상

딱이야	14
대견하고 위대하다	19
상생의 텃밭	24
수박이시여	29
유치원에서	33
팥죽 쑤는 날	38
팬데믹의 시간	43

2. 지나온 시간을 회상하며

달나라 청룡이	48
담배와 명품 백	52
당나귀	57
사랑하는 마꼬	61
세상만사 바퀴	65
이사 가는 날	69
칼국수의 추억	74

3. 내 시선이 머무는 곳

메밀꽃을 찾아서	80
내 안의 샘터	86
인생 관문	91
오음리 가는 길	96
길	101
오색령 예찬	106
버스정류장에 가 보자	109

4. 내 안의 파노라마

유일한 유산	114
내 안의 파노라마	119
유년의 뜰	124
라면 이야기	128
내 인생의 내무반장	133
고장난 길눈	138
벚꽃의 전설	143

5. 길에서 만난 행복	나의 애마	148
	춤추는 주전자	153
	조부동에 간다	157
	두꺼비 이야기	163
	DMZ 강원 속살 투어	168
	눈	173
	일본 돗토리현 여행기	178

6. 아름다운 곳을 향하여	커피의 시간	184
	건너야 할 강, 팬데믹	189
	일출맞이	194
	올림픽 동네의 자부심	199
	하얀 다리	204
	대관령의 바람	209
	좌충우돌 대표선수	214

정호백의 수필세계

최남미(수필가, 문학평론가) · 220

1

함께하여 더 즐거운 세상

딱이야

텃밭에 비닐하우스를 짓고 난 올해 이른 봄, 작은 새가 드나드는 게 보였다. 하우스 안에서 우편함을 만드는 중이었는데, 새는 그 속에서 이미 둥지를 반쯤 틀고 있었다. 하우스는 나도 수시로 드나드는 곳이어서 불가피하게 서로 불편한 존재가 될 수밖에 없었다. 새가 스스로 나갈 리는 만무, 우편함을 하우스 밖 조용한 곳에 살짝 옮겨 놓았다. 그리고 보니 새집 둥지를 접하기는 참으로 오랜만이며, 이 상황은 자연스레 어린 시절 기억을 꺼내는 계기가 되었다.

초등학교 시절, 찌르레기라는 새가 느닷없이 내 머리를 쪼고 날아간 적이 있다. 머리가 따끔하여 만져보니 피까지 흘렀다. 나무를 기어 올라가 새집을 들여다본 게 화근이었다. 호기심에 둥지 안을 보기만 하고 내려오려 했는데, 가지가 흔들려 알이 한 개 땅에 떨어지는 바람에 사달이 났다. 멀리서 지켜보던 어미 새가 쏜살같이 날아와 부리로 침입자를 응징한 것이다. 그때부터 '새집을 함부로 건들면 안 된다'라는 교훈을 간직했다.

며칠 후 옮긴 우편함을 살펴보니, 녀석은 안 보이고 짓다 만 둥지만 있었다. 터전을 옮기는 바람에 알 품기를 포기하고 날아가 버린 것 같았다. 둥지는 절대 건들지 않는다고 했는데…. 일이 이렇게 됐다. 서로 불편하지 않게 하려고 했는데 새에게 미안했다. 우편함은 있던 자리에 도로 갖다 놓았다. 며칠간이지만 둥지의 불편함에서 벗어나 평상을 이어갔다.

여름이 시작될 즈음, 지난번 그 우편함에 또 새가 들락거렸다. 살짝 들여다보니 둥지를 마저 짓고, 언제 낳았는지 알이 5개나 있었다. 또 녀석이 곤란해질까 염려되어 이번엔 무관심하기로 했다. 아예 신경 끊고 살금살금 지나면서 최대한 배려했다. 내가 모른 척해야 알 품기가 순조로울 것 같았다.

보름여 동안 부부인 듯한 두 마리가 번갈아 들락거리며 알을 품었다. 내가 들어가면 새들은 나갔다가, 내가 나가면 다시 들어와 알을 품었다. 무관심으로 일관하길 잘했다고 생각했다. 그런데 20여 일이 지날 즈음, 녀석들의 들락거림이 보이지 않았다. 둥지 안을 들여다보니 알만 5개 덩그러니 있었다. 열흘쯤 더 기다렸는데도 어미 새는 감감무소식이었다. 알 품기를 포기한 것 같았다. 난 무관심으로 최대한 배려를 했는데 서운하기도 하고 야속하기도 했다.

하우스 안은 한여름엔 찜통으로 부화가 어렵다는 걸 알고 어

15

미 새가 알 품기를 포기한 듯하다. 며칠 더 기다리다 양지바른 곳에 알을 고이 묻어 주었다.

여름 한창쯤, 또 새가 등장했다. 지난번 그 새라면 알 품기가 안되는 환경에 또 오다니, 머리가 나쁜 새임에 틀림없다. 이렇게 또 올 줄 알았다면 진즉에 우편함을 다른 곳에 옮겨야 했는데 이미 늦었다. 계절이 바뀌기 전에 또 올 줄은 미처 몰랐다. 하지만 이번엔 새끼와 함께 둥지를 안전하게 떠나는 모습을 보고 싶었다. 은근히 자존심 걸고 새와 내기하는 것 같은 객기가 생겼다.

우선 이기려면 상대방을 알아야 한다. 새 종류가 궁금하여 인터넷에서 검색해보니 우리나라 텃새인 박새류의 '딱새'라는 새인데, 사람에 대한 경계가 심하지 않다고 한다. 우선, 딱새니까 이름을 '딱이야'라고 지었다. '딱이야~' 라고 불렀을 때, 내 손에 날아와 앉게 하고 싶었다. 먹이를 꾸준히 주면 사람 손바닥에도 앉는 모습을 TV에서 본 적이 있다.

어쨌든 둥지를 그대로 두면 또 도망갈 것 같아 묘안을 짜냈다. 우편함을 하루에 조금씩 슬금슬금 옮겼는데 눈치를 못 챈 것 같았다. 그렇게 하길 일주일. 드디어 하우스 반대편 문까지 옮겼다. 우편함 위에 우산을 씌워 뙤약볕을 가려 주었다. 이제 바람도 통하고 그늘도 생겨 편하게 알을 품을 것이다. 그쪽 출입구는 바람만 통하게 막대기로 막고, 주인인 나도 못 다니게 아예 통행을 차단했다. 아기 낳으면 금줄 치던 풍습의 유래가 저절로 이해됐다.

병아리는 21일 만에 부화한다고 배웠다. 조류는 모두 비슷할 거라고 여겨 그때쯤을 기다렸다. 아니나 다를까. 마침내 둥지 안에서 짹짹거리는 소리가 들렸다. 난 쾌재를 불렀다. "성공이다~!" 하지만 난 모른 체해야 하고 산후기간 중 더욱더 조심해야 했다. 둥지 쪽 말고도 텃밭 어디에서든 살금살금 다녔다. 우편함 앞에 물도 살며시 갖다 놓았다. 난 산후조리사가 되었다.

그렇게 며칠이 지나자 우편함 편지 투입구로 고개를 빼꼼히 내미는 새끼들이 보였다. 잘 자라주어 다행스럽기도 하고 나의 배려 결과에 뿌듯했다. 어미는 부지런히 먹이를 물어 날랐다. 그럴 때마다 다섯 마리의 새끼들은 서로 달라고 입을 벌렸다. 귀여운 모습에 하던 일을 멈추고 멀리서 바라보기도 했다. 텃밭 일보다 '딱이야 가족'을 관찰하는 게 더 중요한 일과가 되어버렸다.

그 얼마 후 어미가 하우스 밖 나무 위에서 지저귀어 유심히 보았다. 새끼들이 둥지 난간에 톡 오르더니 앞에 있는 비료 포대 위로 폴짝 앉았다. 그러자 어미는 더 멀리 날아 다른 나뭇가지 위에서 울었다. 이번엔 새끼 한 녀석이 푸드덕 점프하여 어미 쪽으로 날아갔다. 이어서 나머지 새끼들도 따라 날았다. 새끼를 다 키우고 둥지를 떠나게 하고 있었다. "딱이야~ 또 와~" 나는 손 흔들어 배웅했다.

딱이야는 둥지 옮기는 걸 눈치 못 챈 게 아니라, 자기 환경에 내가 방해꾼이 아니라는 걸 알았을 것이다. 어쩌면 녀석들이 내 텃밭의 원주민이었고, 느닷없이 들어선 비닐하우스가 낯설었을 것이다. 난 어릴 적 이미 이들의 생리를 알았다. 누구든지 남의 활동 범위를 침범하고 훼손하는 건 자연의 이치를 거스르는 것이다. 인간을 포함한 모든 자연은 존재 이유가 있고, 서로 존중해야 한다. 딱이야를 상대하면서 이런 자연의 이치를 다시금 생각하게 되었다.

대견하고 위대하다

유치원에서 봉사활동을 하게 되었다. 유치원에서 다양한 모습을 보고, 새로운 걸 많이 느낀다. 그곳의 주인공은 세상에서 가장 소중한 존재로 자라는 우리의 아이들이다. 한 가정의 희망이고, 좀 더 거창하게 본다면 그들에게 우리나라의 미래가 달려 있다. 그런 아이들에게 봉사활동이라는 작은 도움을 주고 있지만, 난 민망스럽게도 더 많은 것을 배우고 힘도 얻는다.

생기발랄한 아이들은 꾸밈이 없고, 항상 맑고 밝다. 지금 여기 아이들은 적어도 아무 걱정이 없고, 어떤 그늘도 없어 보인다. 아이들의 울음에는 거짓이 없어 울어도 순수하고 맑다. 그 순수함을 보고 세태에 찌든 나의 욕심을 줄여 나가려 한다. 나는 그런 과정이 즐겁고, 늘 다음날이 기다려진다.

유치원에서 내 역할은 아이들이 학업을 마치고 귀가할 때, 차량의 질서를 유지하는 일이다. 한창 분주할 때는 주변을 둘러볼 겨를도 없다. 그 시간이 지나면 여유도 좀 생겨 주변을 돌아보고, 가끔은 하늘도 쳐다본다.

그러던 어느 날, 하늘 위로 지지배배 날아다니는 제비가 보였다. 유치원 출입문 위로도 왔다 갔다 했다. 유심히 쳐다보니 벽에 흙으로 점을 세 개 찍어 놓고, 그 앞을 분주하게 날아다녔다. 궁금하여 짬짬이 쳐다보았다. 그러던 중, 처마 밑 구석 쪽의 점 하나가 점점 넓어지기 시작했다. 점을 찍을 때는 좌표를 정하는 것 같았고, 점이 커지는 곳이 둥지 장소로 결정된 것 같았다. 두 개의 점은 집터에서 탈락했다고 봐야 한다. 부부 중 단독 결정이 아닌 합의로 결정하는 것일까? 마침내, 집터가 정해지자 본격적으로 집을 짓기 시작하였다. 지정된 곳에 진흙과 지푸라기를 섞어 가며 가지런히 붙이기 시작했다.

어릴 적 시골에서 보았던 제비집과 같았다. 내 임무가 교정의 이상 징후도 살펴야 하므로, 행정실에 알렸다. 행정실장님은 "큰일 났네, 밀어버려야 하나?", "아니, 밀다니요?" 난 아이들이 관찰하도록 놔두는 게 좋겠다고 했다. 마침 제비집 맞은 편에 CCTV도 있어 관찰학습 자료관리에도 좋을 것이라고 했다. 하지만 실장님은 난감한 표정이었다. 제비가 현관 출입문에 배설물을 흘려 아이들이 피해를 볼까 봐 염려했다.

다음 날, 사람이 와서 제비집 밑에 나무판을 설치하고 있었다. 배설물을 받을 제비 화장실을 만든다고 했다. 제비집을 보존하고 아이들 피해도 방지하는 방향으로 된 것이다. 나는 마음이 놓였다. 제비가 집을 안전하게 짓고, 새끼를 잘 길러서 이소하기를 바랐다. 사실 내 텃밭 비닐하우스에서 알 품는 어미 새와 불편한 관계로 지낸 경험이 있다. 내가 뒷바라지를 제대로 못 한 탓에 그 새는 알 품기를 포기하고 날아가 버렸다. 그런 아픈 기억이 있어 더욱 그랬다.

널빤지 위에 신문을 깔아 주기적으로 배설물을 치워 청결을 유지해 주는 게 좋겠다고 하자, 실장님은 납작한 종이 상자를 구해서 판 위에 올려놓았다. 제비 가족에게 고급 화장실을 제공한 셈이다. 유치원 측에서 화장실 청결 관리를 하니깐, 제비는 안전하게 새끼를 길러 날아가기만 하면 되었다.

그때부터 난 제비를 관찰하기 시작했다. 집 짓는 데 4일 정도 걸렸다. 현관 천장 바로 밑에 제비 덩치에 맞게 집이 완성되었다. 건축공학적으로 봐서도 거의 치수가 정확했다. 기가 막힌 수치이다. 처음 점을 몇 개 찍었을 때는 그중 확 트인 가운데 쪽에 짓는 줄 알았다. 하지만 제비들은 가장 소음이 적고 바람과 햇볕을 피할 수 있는 북쪽 구석진 곳에 지었다. 절묘하지 않은가? 누가 봐도 최적의 위치다. 사람이라면 전문 업자가 수평, 고저, 소음 등을 첨단장비를 동원하여 측정했을 것이다. 하지만 아직 감탄하기는 이르다.

제비는 몇 며칠을 집 안에 머물렀다. 아마도 알을 낳고, 품는 시간인 것 같았다. 들락거리며 서로 임무 교대도 하는 듯했다. 그러길 20여 일, 어미 제비가 먹이를 날라오기 시작했다. 며칠간은 기척이 없었는데, 30일쯤 되었을 때 '짹짹' 하는 새끼 소리가 들렸다. 그러길 또 며칠, 드디어 신생아들이 고개를 내밀고 먹이를 받아먹고 있었다. 점점 목소리도 커졌고 부리도 커지면서 마침내 덩치가 반은 집 밖으로 삐져나오며 커가는 몸집을 과시했다.

처음에는 어미 제비가 배설물을 물고 나갔는데, 얼마 지나자 새끼들 스스로 해결했다. 고급 화장실의 효능이 발휘되는 순간이었다. 새끼들은 몸을 뒤로 돌려, 먹은 만큼 화장실에 반납했다. 참 잘 만들었다. 받침대가 없으면 유치원생 머리에 떨어질 수도 있고, 바닥도 지저분했을 텐데…. 아이들의 안전과 제비들의 복지도 생각하는 유치원 측의 배려에 찬사를 보낸다.

부모 제비는 교대로 새끼를 돌보며 먹이를 구해 날랐다. 가끔은 판 위에서 쉬면서 아기들과 조잘거렸다. 유치원 교사가 아이들을 돌보듯이. 나무판이 없었다면 어미들은 아기들과 조잘거릴 수 있을까? 역시 참 잘 만들었다. 40일 정도 지나면서 쳐다보니 네 마리가 집에 꽉 찰 정도로 덩치가 커졌다. 날개를 쭉 펴면서 기지개를 켜기도 했다. 7월 초 장마 시기에 접어들면서 두 마리가 둥지에서 나와 판 위에서 날개를 펴며 스트레칭을 하고 있었다. 운동하기에는 둥지가 좁았으리라. 그 나무판에서 운동도 하고, 다용도다. 준비운동은 아마도 곧 날아간다는 신호탄이 아닐까?

다음 날 출근하자, 제비 둥지는 비어있었다. 직원들은 전날 오후 7시까지 있었던 것으로 보아 새벽에 날아갔을 것이라고 했다.

한 직원이 "집세 안 내려고 야반도주를…." 그러자 다른 직원은 "새끼 잘 키웠으면, 박씨 몇 개는 떨구고 가야지…." 하면서도 제비 가족과의 이별을 아쉬워했다.

제비가 떠나고 빈 둥지만 남았지만, 오늘도 우리의 아이들은 씩씩하고 쾌활하게 등원한다. 인구가 감소하는 추세라고 한다. 그런 상황에 이 아이들은 소중하다. 또한, 그 아이들을 둔 부모들은 위대하기만 하다. 결혼과 출산 기피의 현실에서 그들은 존경스럽다. 아이들을 위해 자신의 시간과 정성을 아이들에게 쏟아 붓고 있다. 때마침, 유치원 처마 밑의 제비도 그에 못지않은 노력을 기울여 소중한 아이들과 함께 힘차게 창공을 날았다.

나는 이 모든 과정을 눈으로 보며 느낀다. 아이들을 정성으로 키우는 엄마들, 온 힘으로 새끼를 키운 제비, 모두 대견하고 위대하다.

상생의 텃밭

긴 세월의 직업 공간에서 벗어나 당분간은 쉬고 싶기도 했다. 하지만 살아온 삶의 리듬이 깨질 것 같아 우선 가벼운 일거리라도 찾기로 했다. 책상머리 일이 전부였던 직장의 근무 경력으로는 탐탁한 일자리를 찾기란 녹록지 않았다. 고심 끝에 일의 연속성도 살리고 생산적이기도 한 텃밭 농사에 초점을 맞췄다. 거리·면적·가격 등을 고려하여 적당한 토지를 매입하고, 과일나무 몇 개와 채소 가꾸기 등 손쉬운 농사일을 시작하였다.

하지만 어릴 적 배운 아버지 어깨너머 농사지식은 현장에서는 많이 부족했다. 때마침 농업기술센터에서 영농기초반 프로그램이 있어 등록했다. 다람쥐 쳇바퀴 도는 직장생활과는 달리, 영농기초 프로그램은 새로운 지식의 세계로 나를 안내했다. 그러나 아무리 좋은 영농지식도 써먹어야 내 것이 되는 법이다. 아버지 농사를 마지못해 거들던 때와는 달리, 의욕을 갖고 흙과 씨름하면

농산물이 내 손안에 절로 들어올 것만 같았다.

'콩 심은 데 콩 나고, 팥 심은 데 팥 난다'라는 말은 농사를 지어 보면 꼭 사실만은 아니라는 것을 알 수 있다. 콩 심으면 비둘기가 쪼아 먹고, 비둘기가 남긴 것이라 하더라도 비료·농약을 적절히 쳐 주고 물도 잘 줘야 건실하게 자란다. 경험이 많은 농사꾼은 비둘기에게도 먹일 요량으로 콩을 서너 개 심어 나눠 먹는다지만, 요즘 비둘기는 영악해서 악착같이 몽땅 뒤져 먹는다고 한다.

그래서 묘안으로 한 개는 종이컵을 엎어 씌워 싹을 틔우고 비둘기 먹이로 별도로 옆에다 심는다고 한다. 가을에 감 홍시를 한두 개 남겨 까치에게 나눠주는 까치밥의 지혜에서 힌트를 얻었을 것이다. 하지만, 콩 재배의 제일 현명한 방법은 모종판에 콩 싹을 틔워 옮겨 심는 것이다. 비둘기는 콩을 먹긴 해도, 콩에서 싹이 나 자란 콩 순은 안 먹는다. 이런 것들은 영농기초반에서 배운 지식이다.

채소를 가꾸면서 보이는 나비 날갯짓은 반드시 아름다운 모습만은 아니다. 나비가 알 낳아 부화한 애벌레가 배춧잎을 갉아 먹는다. 그 애벌레는 농약 세례를 받는다. 바랭이 풀은 생명력이 강하지만, 작물의 성장에 방해꾼으로 간주되어 무자비하게 뽑히거나 제초제를 피하지 못한다. 이렇듯 해충이나 잡초는 자신들의 의지와 관계없이 인간이 정한 방식에 따라 생의 마감을 강요당한다. 배추 애벌레나 바랭이도 고귀한 생명체로 태어났지만, 인간에게 불필요한 작물이거나 혹은 작물에 피해를 준다는 이유로 제거되는 것이다.

나는 텃밭 농사를 지으면서 이런 현상과 상반되는 새로운 사실을 알게 되었다. 울 밑에 호박을 여러 포기 심었는데, 풀을 깔끔하게 자주 매준 호박 모종은 혼자서 힘겹게 성장하는 모습이 보였다. 주변에 풀이 없어 땅이 노출되면 수분이 증발하여 흙이 금방 마른다. 반면 풀과 더불어 자라는 호박은 수분 유지가 잘 되어, 씩씩하고 파릇하게 잘 자라는 모습을 볼 수 있었다. 깔끔한 땅에서 혼자 자라는 호박과 비교해 보면, 우연히 잡초와 함께 자라는 호박이 더 잘 자란다는 이치를 현장 경험으로 알게 된 것이다. 물론 모든 작물이 다 그런 건 아니고, 내가 본 것만 그럴 수도 있을 것이다. 인간 먹거리에 방해된다는 이유로 제거되는 잡초도 그네들의 세계에선 주인공이다. 주인공과 방해꾼이 함께 자라는 환경이 더 조화로움을 보았다. 자연이 서로에게 도움이 되는 모습을 내 눈으로 보며 체험한 것이다.

인간들도 자신만의 기준으로 남을 차별하고 불신하는 풍조가 있다. 불과 멀지 않은 시대인 일제강점기에 우리 민족도 소위 '제국주의 일등국민'과 차별받으며 살아가지 않았던가. 그들의 무모한 선민의식에 우리는 얼마나 많은 고통과 피해를 입었던가. 그때 서로 상생의 원칙으로 각자 나라를 운영했다면, 두 나라 모두는 그 어느 나라보다 더 강한 나라가 되었을 것이다. 더 먼 시대를 거슬러 올라 가보면, 같은 민족끼리도 상하 신분제도의 틀 속에서 약자가 차별당하는 시대가 있었다. 그런 차별의 폐단을 우리는 알고 있다.

 이제는 가축들도 생명존중권이 거론되고, 애완동물 또는 반려동물로서 존중받으며 살아가는 시대에 이르렀다. 하찮게 생각되는 해충과 잡초들도 그 존재가 중시되며, 인간이 정한 '유익한 작물'과 더불어 살아가는 묘안을 찾아야 할 때가 왔다고 본다.

 얼마 전 풀을 매지 않고 농사짓는 잡초농법을 TV에서 본 적이 있다. 잡초가 땅의 수분 증발방지도 하고 강한 햇살로부터 작물을 보호해 주며, 서로 다른 습성의 면역력을 보완하면서 병충해를 이기며 자란다는 것이다. 물론 수확량은 좀 줄어들겠지만, 상생이라는 거시적 측면에서 본다면 생각해 볼 가치가 있다고 본다. 그때는 별난 사람들의 별난 농법이라고 생각했는데, 실제로 경험해보니 그럴 수 있다는 생각이 들었다.

 그 누구도 자연의 이치를 함부로 거스를 수는 없다. 세상에 태어난 어느 식물이나 동물도 인위적으로 제거되지 않아야 하고, 함께 자라며 서로 도움이 되는 환경이 되어야 한다. 작물에 붙어 사는 진딧물은 개미와 공생하며 서로의 삶에 도움이 된다. 작물의 꽃에서 꿀을 빨아 먹는 벌은 수정을 도와 결실을 돕는다. 비둘기와 산새들은 함께 아름다운 목소리를 내며 오케스트라를 연주하고, 나무와 꽃들은 자연의 파노라마를 연출한다. 이 얼마나 신비롭고 조화로운 광경인가?

 우리는 이런 모습을 보고 느끼려 먼 길·험한 길 또는 해외에도 시간 비용을 마다하지 않고 찾아가지 않는가? 우리 주변의 가까운 곳에서도 조화로운 모습을 볼 수 있다. 그러기 위해서 우리는 자연과 상생하여야 한다. 그러면 노력과 비용을 들이지 않고도 조화로운 자연을 즐길 수 있다. 세상사 모든 존재가 상대방을 존중하고 각자의 장단점을 보완하면서 함께 어울려 사는 세상이 되면 좋겠다. 그러면 혼자보다 더욱더 조화롭고 살기 좋은 사회가 되리라 믿는다.

이렇게 맘먹고 오늘도 텃밭을 들어서려는데, 첫눈에 애벌레가 배춧잎을 갉아먹는 모습이 보여서 농약 분무기를 들고 치려다가 멈칫한다. 농약을 치면 애벌레는 죽고, 배춧잎은 농약에 오염된다. 배추를 아무리 씻는다고 해도, 미량이라도 우리의 입에 들어가지 않을 수 없다. 잠깐 생각 끝에 농약 분무기를 내려놓고 애벌레를 잡아 멀리 옮겨 놓았다. 이것이 최선인지는 모르겠으나, 인간이 자연과 공생하는 첫걸음이 아닐까.

인간이 비둘기와 까치와 나비와 진딧물과 바랭이와 서로의 생명을 존중하여야 한다. 또, 서로에게 이익이 되는 방법들을 차근차근 찾아 더불어 살아가야 한다. 그러면 우리 다음으로 이어지는 세대에 좀 더 건강한 지구환경을 물려주게 될 것이다. 자연은 인간에게 무한정 정을 베풀지만, 자연을 이용하기만 하고 그 이치를 거스르면 자연재해라는 가혹한 벌이 되돌아오기도 한다. 나는 새로운 공간에서 모든 생명체를 존중하며 상생이라는 자연의 이치를 터득하고자, 오늘도 나의 작은 텃밭으로 향한다.

수박이시여

 수박은 많은 이야기를 품고 있다. 그래서 나는 수박이 좋다. 그 이유는 차고 넘친다. 우선, 넉넉한 외모에 둥글둥글 잘생겼다. 그 어떤 과일보다 아삭하고, 어느 음료수보다도 시원하다. 포장 없이 비닐 끈으로만 엮어도 선물이 되고, 가르면 바로 먹을 수 있어 편리하다. 칼만 대도 '쩍~!' 하는 소리가 경쾌하고, 빨간 속살에 흰 서리 내린 듯한 자태가 눈부시다. 한 통만 집에 들어와도 부자가 되는데, 온 가족이 먹고도 남아 또 부자가 된다.
 이런 인기 때문에 수박은 예부터 '서리 대상 1호'가 됐다. 서리 한 사람들은 재미난 추억이지만, 공들인 수박을 잃은 주인은 속이 쓰리다. 아무리 어려운 시절의 재미난 추억이라도 도량은 한계가 있었을 것이다. 지나간 시절의 역기능이지만 수박의 인기는 사람들에게 별난 추억을 안겨 주기도 했다.
 밍밍한 시간을 보낼 때 수박은 분위기 전환을 해주기도 한다.

씨를 공중에 "퉤~!" 뱉어 뺨에 붙이는 재미난 장면을 만들며, 누가 누가 멀리 뱉나 내기도 한다. 그래도 끊임없이 나오는 수박씨는 번거롭기만 하다. 그래서 수박 박사 우장춘은 '씨 없는 수박' 재배에 성공하여, 씨를 퉤퉤 뱉는 번거로움을 덜어 주었다.

수박의 변신은 계속된다. '애플수박'이나 '복수박' 같은 미니수박이 개발되어 핵가족 시대에 합류했다. 변화에 능해서 그런가, 근간에 수박 안팎 색깔로 세태를 엉뚱하게 풍자하여 수박을 어리둥절하게 한다. 수박 속과 껍질의 색은 오묘한 자연의 조화이지, 속 다르고 겉 다를 수 있는 건 인간이다.

이렇듯 많은 이야기를 담고 있는 수박, 나는 어릴 적부터 내 손으로 키우고 싶은 로망이 있었다. 작년 봄에 그간 텃밭의 경험을 살려 수박 키우기에 도전할 수 있었다. 수박 모종 5포기를 사서 심고, 인터넷을 뒤져 '순치기, 꽃 따기, 착과 후 45일 수확'으로 요약되는 '순 정리' 재배법도 익혔다.

수박재배가 쉽지 않았지만, 익힌 대로 차근차근 이행하였다. 암꽃을 헤아려 해당 위치에 끈으로 표시하고 45일을 기다렸다. 지극정성을 다하여, 실하지는 않지만 먹을만한 정도의 수박 5개를 딸 수 있었다. 공식대로라면 10개를 따야 하는데, 첫 재배치고는 잘했다고 스스로 토닥였다. 몸을 부대끼며 내 손으로 키운 수박을 가족과 함께 맛보고, 즐거움을 더했다.

나 어릴 적, 이런 느낌으로 수박을 먹어 본 적은 없다. 한정된 면적에 감자, 고구마, 콩 같은 생계 작물을 심어야 하는데, 농사꾼 아버지에게 수박은 경작 대상이 아니었을 것이다. 그런 생각을 하다 보니 어려운 시절의 애환이 떠올랐다. 수박의 시간을 통하여 변화하는 우리 삶의 정서를 느꼈다.

농법 개선과 생활방식의 진화로 수박은 대중 식품이 되어 사시사철 먹을 수 있게 되었다. 과거 남북적십자 회담 만찬에 겨울 수박이 나왔는데, 북한 대표가 "안 먹어도 되는 수박을 추운 겨울에 왜 고생해서 생산합네까?"라고 질문을 했다는 일화가 생각났다.

어쨌든 수박을 몇 개 수확하고 나니 자신감이 생겼다. 가까운 지인들에게 내년엔 수박 한 덩이씩 안겨주겠다고 했고, 집안의 어르신께는 농사지은 것 중 가장 큰 수박을 드리겠다고 약속했다.

올봄, 장대한 꿈을 품고 수박 모종 20포기를 사서 심었다. 약속한 개수를 채우려 한정된 텃밭에 다소 좁게 심었지만, 간간이 내린 비에 일조량도 좋아 모종은 무럭무럭 자랐다. 옆의 참외 순과 만나면 차근차근 분리했다. 며칠 후, 미처 제거하지 못한 순에 덩굴손들이 서로 엉켰다. 참외는 더 많은 순이 나와 수박에 달려들어, 자기 영역 침범에 집단 항의하는 것 같았다. 땀 흘리며 한나절이나 걸려 정성껏 정리하였다.

다시 얼마 후부터, 수박밭의 사태가 점점 심각해졌다. 정리 안 된 참외 순이 왕성하게 뻗어 오고, 멀리 있던 호박순까지 슬금슬금 들어와 수박밭을 점령하였다. 큰 잎에 굵은 호박 줄기는 자신에게도 관심 가져 달라며 으르렁거리는 맹수 같았다. 이런 상황에 수박의 원줄기가 어딘지, 착과가 며칠 됐는지 통 알 수가 없었다. 호박과 참외도 텃밭의 가족인데 수박만큼 관심을 가져야 했다.

　해결책을 생각하다가 문득, 작물 키우는 법에 '순 정리' 말고 '방임형'이 있다고 들은 적이 있어 수박에도 적용해 보았다. 누가 고안했는지 방임형은 '방치형'으로, 게으름을 합리화하는데 지나지 않았다. 결국, 수박은 아기 주먹만큼만 자라다가 거의 다 떨어졌다.

　수박재배 실패라고 생각하니 머리가 지끈거리기 시작했다. 어르신과의 약속, 지인들에 한 호언…. 결국, 어르신께는 큰 수박을 사 드려야 했고, 지인들에게는 올해의 수박 작황을 구구절절 설명해야 했다.

　농사란 남의 경험을 따라 한다고 되는 일이 아니었다. 우선 작물의 생리를 제대로 알고 주변 환경과 어울리게 키워야 한다. 제한된 여건에서 과욕을 부리면 안 되고, 모든 작물이 소중하므로 관심은 공평해야 한다. 그런 과정에서 시행착오를 겪으며, 나만의 방식을 찾아야 한다는 것을 알았다.

　특히, 내가 수박 예찬론자라면 옆의 참외나 호박도 함께 예찬하며 서로 어울리게 키워야 했다. 지금까지의 경험을 바탕으로 좀 더 성의껏 키우면, 튼실한 수박이 반드시 내 품에 안기리라 확신한다.

　"수박이시여, 내 품에 오소서~"

(월간 『수필문학』 2022년 9월호.)

유치원에서

유치원에서 차량 질서유지 봉사 일을 한다. 봉사시간은 공휴일 빼고 오후 4시부터 5시까지 하루 딱 한 시간이다. 그 시간은 텃밭 일을 주로 하는 내 일과를 마친 후의 시간이자, 유치원 아이들이 귀가를 시작하는 시간이다. 유치원까지 승용차로 10분도 채 안 걸리는 거리지만, 운동 겸 왕복 30분 정도 걸어 다닌다. 그 정도 시간에 일부러 운동하는 사람도 있으니, 봉사하러 가면서 운동도 하여 내겐 일거양득이다.

봉사 시간대엔 유치원 버스 3대, 학원 승합차 10여 대, 학부모 차가 20여 대 온다. 내가 할 일은 번잡한 시간에 몰려드는 차량이 서로 엉키지 않게 분산시키면서, 선입선출의 질서를 유지한다. 또한, 어디로 튈지 모르는 아이들의 움직임을 매의 눈으로 지켜, 행여 있을지 모르는 돌발사태를 예방한다.

나의 직책명은 '은빛 지킴이'이다. '은빛'은 이 일을 하는 사람

대부분 머리가 희끗희끗해서 붙인 명칭인 듯하다. 실버(silver), 시니어(senior)보다는 은빛이 맘에 든다. 영문이 대세인 요즘, 순 우리 말인 '은빛'이 더 세련미 있어 보였다. 지킴이는 실내 2명, 나, 또 유치원 버스 3대에 3명 등 총이 6명이 맡은 일을 한다. 지킴이 외 식당 조리원, 방과 후 돌보미 등 여러 사람이 더 있다.

아이를 데리러 오는 사람도 다양하다. 주로 엄마, 아빠, 할머니, 할아버지, 학원 담당교사이다. 그런데 어느 날, 연세가 좀 드셨을 것 같아 "손자 데리러 오셨군요?" 했더니, 뜻밖에도 증손자를 데리러 왔다는 것이다. 증조할머니가 증손자를 데리러 오신 것이다. 아~ 나는 나의 증조할머니를 본 적이 없다. 증조할머니 정도면 100세도 넘고, 거동도 불편하고, 등등…. 그런데 그게 아니었다. 100세는커녕, 생각보다 젊어 보였고 걸음도 무리 없어 보였다. 고령화 시대의 대표 위인인 듯했다.

아이들은 학과가 끝나면 인사를 여러 번 한다. 우선 담당 선생님에게 하고, 실내 지킴이, 출입문을 나오면 은빛 지킴이, 버스에 오르면서 버스 돌봄이, 또 기사님과 인사한다. 물론 인사는 양손을 배에 대고 정중하게 배꼽 인사를 한다. 인사하는 표정도 다양하다. 기분이 별로 안 좋은 아이는 무뚝뚝하게, 기분이 좋은 아이는 환한 표정으로 인사한다. 아이들이 인사를 너무 많이 하여 피곤하지 않을까 하는 생각이 들지만, 인사는 백 번 하더라도 자신에게 인격이 될 것이다.

데리러 온 엄마를 보자마자 반가움에 "으앙~" 울음을 터트리는 아이도 있고, 친구들과 더 놀고 싶어 억지로 끌려가는 아이도 있다. 종일 힘든 수업에 부모가 오면 양팔을 벌려 안기는가 하면, 그날 일을 미주알고주알 얘기하는 아이도 있다.

유치원 버스는 여러 명이 줄 서서 타는데, 간혹 줄에서 이탈하여 엉뚱한 방향으로 가는 아이가 있다. 아이들이 이탈하지 않게 지키거나, 이탈하는 아이를 쫓아가서 데려오는 것도 임무다. 아이들을 통제할 때 함부로 붙들면 안 된다. 첫 근무 때 교육받은 내용으로는, 튀는 아이들은 안전 봉으로 막으며 몸을 함부로 잡지 말고 부드럽게 유도한다. 어설프게 잡다가 넘어지거나 다치면 귀책 사유가 발생한다는 것이다. 너무나 소중한 아이들을 신중하게 대해야 한다.

사전에 교육을 받을 때 학부모에게 먼저 인사하라고 들었다. 그래서 학부모가 차에서 내리면 바로 인사를 건넨다. 그러면 대부분 맞인사를 하지만, 그냥 무뚝뚝하게 지나치는 학부모도 있다. 반면, 내가 인사하기도 전에 먼저 활기차게 인사를 해 주는 사람도 있다. 그때는 당연히 기분이 좋다.

아이들 대부분 배꼽 인사로 응대하지만, 손가락 하트를 쏘는 아이가 있다. 너무 귀엽게 웃으며 손가락 하트를 쏘아 '하트 공주'라고 별명을 지어 주었다. 하트 공주님은 "내가 안녕히 가세요" 인사하면, 손가락 하트를 매번 쏘아 분에 넘치는 하트를 받곤 한다. 봉사활동을 하지만 아이들 덕분에 힐링도 된다.

아이 엄마는 '하트 공주'라는 예쁜 별명을 지어 주어 고맙다고

35

했다. 얼마 후 하트 공주님을 만났는데, "저는요, 그냥 하트 공주가 아니고요, 핑크 하트 공주예요." 했다. 참나, 아이들은 어른보다 한 수 위일 때도 있다. 하트 공주 엄마도 마치 유치원생처럼 배꼽 인사를 한다. 엄마 중 가장 상냥하다. 역시 그 엄마에 그 딸이다. 내가 볼 때마다 "하트 공주님, 안녕" 하면 쌕~ 웃으며 손가락 하트를 '뿅뿅' 날린다.

아이들의 인사하는 습관을 나도 배우기도 한다. 평소 무뚝뚝하게 살아온 내게 새로운 도전이다. 지금부터라도 좀 더 살갑고 부드럽게 살아야겠다. 난 아이들을 지키는 역할을 하지만, 나도 덤으로 뭔가를 얻는다면 이보다 더 보람 있는 일이 있을까? 뉴스를 보면 아이들보다 못한 어른이 가끔 있다. 어른이 아이들을 가르쳐야 하지만, 어른들도 아이들에게 배울 건 배워야 한다. 영국 시인 윌리엄 워즈워스의 시 '무지개'에서 '어린이는 어른의 아버지'라고 했다. 이 일을 하면서 아이들의 순수한 마음, 환한 표정 등을 나는 배우고 있다.

아이들의 모습도 각양각색이다. 버스가 막 출발하려다 출구를 나가기 전 갑자기 섰다. 한 아이가 오줌이 마렵다고 하여 도로 내렸다. 근데 옆에 앉았던 아이도 덩달아 오줌이 마렵다며 따라 내렸다. 학부모가 기다리는 시간에 맞춰 출발해야 하는데, 기사님도 난감해한다.

선생님·지킴이들은 아이들에게 명령어로 말하지 않는다. '뛰지 말아요'가 아니라 '뛰지 않아요'식이다. 불과 한 달 정도 지나면서 나도 이런 언어와 행동에 익숙해진다. 어느덧 습관이 되어 길거리 지나가는 아이를 보고 인사를 건네는 나를 발견하곤 스스로 놀란다. 이곳에서 일하는 모두는 교육을 받는 셈이고, 순수한 아이들을 대하면서 세태에 찌든 자신을 정화한다. 그래서 나도 늘 밝게 웃으며 아이들을 대하고, 인생의 새로운 장을 펼치고 있다.

팥죽 쑤는 날

연말쯤, 평소 다니는 절에 들렀더니 보살님(여신도)들이 옹기종기 모여 찹쌀 옹심이를 빚고 있었다. "아, 내일이 동지구나." 옹심이는 모양과 크기가 같아, 이를 빚는 보살님들의 마음이 모두 한결같음을 알 수 있었다. 동지 불공 후 나눔할 팥죽을 준비한다고 했다. 함께 빚으려 했지만, 화기애애한 분위기에 내가 비집고 들어갈 틈이 없었다.

그런데 집에 오자마자 절에서 보낸 문자가 핸드폰에 떴다. 동지 팥죽 쑤기 봉사에 참여해 달라는 것이었다. 매년 보살님들이 쑤었는데, 고령으로 힘에 부쳐, '죽 쑤는 처사님(남신도)'을 모집한다는 내용이었다. 주걱으로 죽을 젓는 역할을 하는 것이다. 소집 시간이 새벽 3시라고 하여 망설였는데, 손가락은 내 의중을 진즉 알아차리고 동참 문자를 찍어 보냈다.

해외여행 갈 때의 비행기 탑승시간이 아니라면, 새벽 3시경에 어떤 일을 했던 기억이 없다. 잠은 알맞은 분량만큼 자야 하겠기에, 저녁 식사 후 8시에 서둘러 잠자리에 들었다. 일상리듬을 어겨 몸에 적응 안 된 것일까, 자정쯤 잠이 깨어 엎치락뒤치락했다. 새벽 3시에 준비하고 절에 갔다.

벌써 나온 이들이 공양간(절의 부엌)에서 분주하게 움직이고 있었다. 내가 도착하고 3시가 되자, 큰 가마솥 2개에 물을 붓고 가스 불을 붙였다. 나를 포함한 남자 4명이 '주걱 젓기팀'으로 편성되었다. 우리는 위생마스크와 위생모자를 착용하고, 삽자루만큼 큰 주걱을 챙겼다. 물이 끓자, 공양간의 대장 격인 '굳세어라 보살'이 등 뒤에서 상황을 파악하고 명령을 내렸다. 이름이 '금순'이어서 「굳세어라 금순아」 노래에서 따온 별명이기도 하지만, 여장부 스타일로 모든 면에서 굳세었다.

명령에 따라 미리 준비해 놓은 팥물을 가마솥에 쏟아 넣었다. 젓기팀은 주걱을 들고 미리 몸을 풀었다. 작업 중에는 쉴 틈이 없기 때문이다. 마침내 젓기를 시작했다. 팥 앙금이 솥 바닥에 눌어붙지 않게 주걱으로 바닥을 긁으며 끊임없이 저어야 한다. 노 젓는 사공이 된 기분이라 생각했는데, 옆 사람이 "어기영차~"하며 추임새를 넣었다. 추임새는 노동을 흥으로 바꿔주는 신비의 마력이 있다. 나도 덩달아 복창을 했다. 이제부터 팥죽 쑤기는 흥의 축제다. 동지 명절에 모두 모여 함께 먹는다는 즐거움과 나눔의 의미가 담겨 있기 때문이다.

팔이 뻐근할 무렵, 팥물이 마치 용솟음치듯이 끓기 시작했다.

그 솟음을 보자, 태백의 한강 발원지 검룡소에 갔을 때 본 광경이 떠올랐다. 검룡소의 용솟음이 한강의 발원이라면, 이 팥물 솟음은 새해를 맞는 우리 마음가짐의 발원이다. 이 팥죽을 먹는 모든 이들이 갑진년 용띠해 소원이 용솟음치며 이뤄지길 기원한다.

이제 팥물이 끓으면 찹쌀을 넣고 다른 사람과 젓기를 교대한다. 찹쌀이 끓어 오르면 마침내 옹심이 새알을 넣는다. 지금부터는 좀 더 조심스럽게 저어야 한다. 함부로 저으면 옹심이가 풀어질 수 있다. 살살 10여 분 저으면 솥 아래로부터 끓어, 공기 방울이 몽글몽글 오르면서 팥죽이 익기 시작한다. 짙은 팥물 속의 하얀 옹심이는 안개 속 같은 우리네 삶의 희망이다. 옹심이가 서서히 익는 것은 우리의 인생과도 닮았다. 옹심이가 익을 때까지 주걱을 젓듯이, 우리는 인생의 노를 저어가야 한다. 꾸준한 노 젓기로 모두는 인생 역경을 이겨내고 희망의 빛을 맞이할 것이다.

익는 팥죽 사이로 김이 "폭폭" 소리 내며 올라왔다. 새 생명을 탄생시키는 순간의 소리는 심해에서 올라오는 포유동물의 거친 숨소리다. 동지가 지나고 심해에서 고래가 탄생할 때쯤, 우리들 세상에는 '새해'가 탄생할 것이다. 가스불을 끄고 잠시 더 젓자, 옹심이가 고개를 살며시 내밀고 위로 떠올랐다. 그러길 잠시, 마침내 팥죽이 완성되었다. 옹심이가 뭉개지지 않고 탱글탱글하다고 노련한 보살님들이 칭찬했다. 심사위원의 합격판정을 받은 경연 참가자의 기분이었다. 젓기팀들의 어깨는 저절로 으쓱해졌다.

이제 팥죽을 가마솥에서 다른 그릇으로 옮겨 담아 식힌다. 이렇게 한 번 더 작업하면, 가마솥 4개 솥의 팥죽이 완성된다. 완성된 팥죽으로 주지 스님과 신도들이 새벽 불공을 드렸다. 힘든 노 젓기로 배가 출출해지고 동이 틀 때, 마침내 우리가 쑨 팥죽이 맛을 뽐낼 때다. 누군가 "새벽부터 죽 쒔네" 하자, 옆 사람이 첫술을 뜨면서 "맛이 죽이네~"라며 아재 개그를 연발한다. 죽 쑤고 먹는 죽 맛은 정말 죽이는 맛이었다.

팥죽을 맛본 보살님들은 "올해는 처사님들이 팥죽을 쑤어서 더 맛있네~" 하면서 환한 표정이다. 주지 스님께서도 "올해 팥죽 맛이 최고네요" 하시며 한 그릇 뚝딱 드셨다. 나도 모락모락 김 나는 팥죽을 숟가락으로 떴다. 혀에 붙는 옹심이의 감촉과 목 넘김의 맛이 온화하게 온몸에 퍼진다. 동지에 먹는 이 온화한 맛이 연말을 지나 새해에도 계속 이어지기를 소망한다. 내가 저어서 만들었다고 생각하니, 특별한 맛도 났고 보람도 느꼈다.

나 어릴 적에도 우리는 매년 동지 팥죽을 쑤어 먹었다. 그때는 동지 차례도 지내던 시절이었다. 새해가 되기 전 액운을 떨치기 위해 팥죽을 쑤어 제사상에 진상하고, 집으로 들어오는 길목에 뿌려 잡귀를 쫓았다. 참 분주한 일이었지만, 당시 풍습으로 일상생활에 신성한 의식이며 절차였다.

먹을 것이 귀하던 그 시절에 팥죽은 별미였다. 팥죽에 나이 숫자만큼 옹심이를 담아주었다. 하지만 몰래 더 건져 먹고 난 뒤, 훌쩍 더 큰 기분을 느낄 때도 있었다. 지금 생각하면 그때 찹쌀 옹심이 맛은 꿀맛이었다. 이렇듯 팥죽은 사라지는 풍습에 얽힌 추억을 꺼내 주기도 한다.

　공복 상태로 건강검진을 마치면 병원에서 '죽 쿠폰'을 주었는데, 몇 년 전부터는 '브런치 카페 쿠폰'을 준다. 죽의 인기가 시들어서 그랬으리라. 요즘은 팥죽을 쑤어 먹는 집도 거의 없다. 식생활 변화에 따라 죽이 자연스레 뒤로 밀렸다. 동지 며칠 전부터 라디오 광고에 유명 죽 업체의 팥죽 광고가 나왔다. 동짓날 팥죽이 생각나면 주문하여 먹으라고 다그친다. 집에서 팥죽 만들기 쉽지 않은데, 그나마 얼마나 다행인가.

　동지 행사를 마치고 팥죽 도시락을 한 개 받아 옆집 어르신께 드렸더니 귀한 음식이라며 너무 좋아하셨다. 음식 만들기 동참으로 만끽하는 나눔의 보람이다. 자칫 사라질지도 모르는 이런 나눔의 풍습이 온기가 되어 우리 사회에 퍼지길 소망한다.

팬데믹의 시간

몇 년 전 메르스라는 감염병이 세상을 긴장시키더니, 2019년 말, 중국 우한에서 '코로나19'가 발병하여 또 세상을 혼돈에 빠트리고 있다. 코로나19는 2020년 초, 우리나라에 상륙하여 팬데믹의 시간이 시작되었다. 각자 방역 마스크 의무착용, 백신 접종, 거리두기로 불편한 나날이 이어졌다. 음식점, 공연장, 여행업계 등 사람 모이는 업종은 경제적으로 큰 타격을 입었다. 학교는 비대면 온라인 수업을 해야 했고, 입학식이나 졸업식도 열지 못했다.

초기부터 정부는 체계적인 방역정책을 강력시행하여, 방역 모범국가로 다른 나라의 부러움을 사기도 했다. 국민 모두도 일상의 불편을 감수하며 정책을 잘 따르고 있지만, 팬데믹의 시간은 3년째 진행 중이다.

우리가 체계적인 방역을 접한 건 불과 얼마 되지 않았다. 근세 이전 역사에서 마마, 천연두, 학질 등 몹쓸 병들이 창궐했다.

조정에서 최선을 다했음에도 많은 백성이 목숨을 잃고 나라가 대혼란에 빠지기도 했다. 당시 개발된 최신 의술로 치료도 했겠지만, 약초 달임 등 전래하는 민간요법에 의지하는 경우가 많았다. 민간요법은 환자의 체질에 따라 치료가 안 되는 경우도 많았을 것이다. 나도 체질에 맞지 않는 민간요법을 접하고 곤욕을 치른 경험이 있다.

초등학교 시절. 당시 유행하고 있던 홍역을 앓았는데, 아버지는 가재 국물이 효능이 있다며 가재를 한 무더기 잡아 왔다. 가재를 맷돌로 갈아 즙을 내고, 한 사발을 다 마시라고 했다. 용기 내어 입을 대었는데, 한 모금 들어가기도 전에 "캑"하며 뱉었다. 비린내가 나서 도저히 먹을 수 없었다. 아버지는 병이 나으려면 마셔야 한다고 했지만 난 이를 앙다물었다. 결국, 가재 국물은 내 목구멍에 한 모금도 들어가지 않았다. 나중에 읍내 병원까지 가서 치료받고 난 후에야 홍역의 고비를 넘길 수 있었다.

나중에 알았지만, 민물 가재에 간디스토마균이 있다고 한다. 그때 가재 국물을 마셨더라면 합병증으로 더 힘든 과정을 겪었을지도 모른다. 어쨌든 그 시절만 해도 아프면 세간에서 쓰는 민간요법을 쓰는 것이 당연시됐다.

그 시절, 전염병은 잊을 만하면 찾아왔다. 중학교 무렵엔 콜레라가 전국적으로 유행하여 친구들이 구토·설사를 하고 얼굴이 퀭해서 학교에 오곤 했다. 다른 지방에서는 사망자도 많이 나왔다고 들었다. 그때 전 세계적으로 유행한 콜레라라는 무서운 전염병을 접했다.

　세월에 따라 스페인독감, 일본뇌염, 아프리카 에볼라 등의 전염병이 시류에 편승하여 온 세상을 혼란케 했다. 지금도 의약품 개발 및 의료체계 개선 등의 노력이 진행 중이지만, 새로운 바이러스와 변종들이 끊임없이 나타나 여전히 세상을 불안하게 하고 있다. 인간 세상은 이런 유행병을 피해서 갈 수는 없는가 보다. 바이러스라는 생명체가 숙주를 찾는 과정에서 마침 그 자리에 인간이 있어 곤욕을 치르는 것이다.

　코로나19 대유행이 시작된 지 2년이 넘은 2022년 8월 현재, 그사이 우리 사회는 많은 변화를 맞고 있다.

　가장 피부에 와 닿는 일이 마스크 쓰기 생활화이다. 평소에 마스크를 쓰고 다니면 유별난 사람으로 여겼는데, 코로나19는 마스크를 습관적으로 쓰게 하였다. 마스크를 착용 안 하면 휴대폰 없이 다니는 것과 같은 불안증세가 생긴다. 지금은 마스크 쓰기가 해제돼 거리에서 마스크를 쓰지 않아도 되지만, 자신은 물론 상대방도 배려하려고 마스크를 늘 쓰고 다닌다. 그러고 보니 복면처럼 얼굴을 가리고 운동하는 사람이 세태를 잘 읽는 선각자였다.

　이전에는 결례로 생각해 결혼 안내장이나 부고장에 통장번호를 명시하지 않았다. 마치 돈을 바라는 듯한 인상을 주기 때문이다. 하지만 거리 두기 정책 시행 중에 안내장에 통장번호가 들어가기 시작했고, 이젠 보편화되었다. 오히려 인편에 부탁하지 않아도 되고, 원거리까지 가야 하는 부담도 덜어 주었다. 이런 상황이 서로 이해하는 수준으로 차츰 정착되고 있다.

음식 문화에도 변화가 생겼다. 찌개 냄비에 여럿이 숟가락을 담가 퍼먹는 풍습이 한국 사람들의 공동체 음식문화이다. 그런 풍습이 일상화되고 너그럽게 이해되는 현실이었다. 하지만 전염병 대유행 상황에서는 어림도 없는 일이다. 각자 개인 그릇에 공용국자로 덜어 먹기가 생활화되었다. 술잔 주고받기는 이제 막 사라지는 과정이었으나, 이번 기회에 자기 잔으로 술 마시기가 아예 정착되었다. 짧은 기간에 변화되기 쉽지 않고, 오랜 관습이라 바꾸기 힘든 문화를 코로나19가 단숨에 바꿔 버렸다고나 할까?

이동 거리와 시간 임박 문제로 간간이 원격회의나 온라인 수업을 하곤 했지만, 감염 예방을 위한 비대면이 권장되며 본격 활성화되고 있다. 직장에서의 비대면 회의는 출장으로 소요되는 시간·비용을 절감할 수 있어 적극적으로 활용하고 있다. 재택근무가 보편화되면서 일과 삶의 균형이라는 워라벨(work life balance)이 실현되고 있다. 당연히 젊은 세대 위주로 활성화되고 있다.

이제 남은 과제는 더 확실한 백신 개발, 확고한 방역정책 수립과 각자의 철저한 위생 관념으로 팬데믹의 시간을 반드시 이겨야 한다. 또한, 이로 인해 변화되는 상황이 미래로 나아가는 전화위복의 기회로 삼아야 할 것이다.

(『영동수필문학』 제19회 2022년.)

2

지나온 시간을 회상하며

달나라 청룽이

　2018평창동계올림픽 개막 전 늦은 가을날, 굴삭기들이 우리 동네 언덕길 산허리를 긁어내리기 시작했다. 뿌리째 뽑힌 소나무는 트럭에 실릴 때, 가기 싫다고 팔다리를 뻗디뎠다. 새로 생긴 광장을 중심으로 오른쪽은 KTX역으로, 왼쪽은 올림픽경기장으로 가는 길이 트였다. 한 달여 요란한 공사가 마무리되면서 역에서 올림픽파크로 이어지는 길이 완성되었다. 올림픽에 온 사람들이 차를 타지 않고 바로 걸어갈 수 있는 보행로이다.

　길 완공 후 새 광장 자리에 있던 샘터와 가로질러 시장통으로 가는 오솔길이 사라진 것을 알았다. 장터 먹거리 골목에서 술자리를 마치면 그 길로 걸어오곤 했다. 가볍게 걷노라면 시원한 바람에 술기운도 날려 보내는 청량제 같은 길이었다. 샘터는 넓은 광장으로, 오솔길은 직선화된 인도로 변했다.

　장터를 빠져나오면 오솔길이 시작되고, 산기슭에 얹혀있는 밭에는 아주까리가 자라고 있다. 키 큰 아주까리는 행사장 진행요

원처럼 손을 흔들기도 하고, 낙엽 철이면 바람에 서걱거리며 가을을 즐기자고 속삭인다. 아주까리를 지나면 개망초가 밤바람에 살랑이며 반긴다. 수은등 아래 하얀 개망초 꽃들은 하늘의 별이 쏟아져 기슭에 흩뿌려진 듯하다.

 길의 절정은 언덕길 막바지에 있는 샘터다. 샘에서 나오는 물은 재잘거리며 시장통 쪽으로 흘러간다. 샘터 주변 기슭엔 민가나 오염원이 없어 물이 깨끗하다. 어릴 적 이런 샘물을 보면 청미래 잎을 오므려 떠 마시곤 했다. 이제는 이런 샘을 바라보면서 정겨움을 마신다. 샘터를 지나 우리 동네가 보이면 수은등 불빛 야행이 마무리되어 끝내 아쉬움이 남곤 했다.

 몇 년 전 초여름 날, 마찬가지로 시원한 바람을 쐬며 오솔길에 올라섰다. 가로등 아래에서 놀자고 손짓하는 아주까리를 뿌리치고 샘을 본다는 마음에 걸음을 재촉했다. 샘터에 다다르자 희미한 불빛 사이로 물 위에 떠 있는 나뭇잎이 보였다. 손으로 나뭇잎을 걷는 순간 손에 물컹한 감촉이 느껴졌다. 좀 놀랐지만 물 위 나뭇잎을 유심히 보았다.

 앙증맞은 연둣빛 청개구리였다. "아, 네가 여기에 있었구나. 언제부터지?" 우리 동네에서 청개구리를 본 게 처음이 아니었다. 나는 다시 나뭇잎을 물 위에 띄우고 청개구리를 배 태우듯 올려주며 지난날의 기억을 떠올렸다.

 10여 년 전, 어머니가 집 뒤 가파른 언덕 위에 텃밭을 가꾼 적이 있었다. 시골에서 농사짓다 도시로 온 후 늘 텃밭이 그리웠던 어머니는 언덕 위에 두어 평 정도 텃밭을 일구고 '달나라'라고 이름 지었다. 달밤에 쳐다보면 달이 그 밭에 걸려 있다고 했다. 우리 땅은 아니지만, 달나라 덕분에 우리는 늘 싱싱한 채소를 먹을 수 있었다.

어느 날 어머니는 달나라 한편 작은 물웅덩이에서 청개구리를 발견했다. 웅덩이는 장맛비로 생긴 것으로 어머니는 곧 물이 마를 것 같아 대야에 물을 담아 놓고 바가지도 띄워 놓았다. 청개구리는 웅덩이와 바가지를 번갈아 뛰어다니며 놀았다. 이를 본 초등생 딸은 녀석의 이름을 '청롱이'로 지어주고 틈만 나면 달나라에 올라갔다. 급기야는 '내 사랑 청롱이'라는 시로 교내 백일장에서 상을 받기까지 했다.

그런데 어느 날 굴삭기가 달나라를 순식간에 밀어버렸다. 언덕 위 넓은 터에 아파트를 지으면서 달나라는 물론 우리의 청롱이도 사라졌다. 우리 소유가 아닌 달나라를 어찌하지도 못하고 냉가슴만 앓을 뿐이었다. 그 시절 감수성 예민한 딸은 못내 눈물까지 글썽였던 생각이 났다.

이 녀석이 그때의 청롱이라고 믿고 싶었다. 달나라에 살다가 변을 피하여 이곳으로 온 것일까? 어깃장 고집을 예견한 엄마 청개구리가 산 위로 가라고 했는데 이곳으로 왔겠지. 어쨌든 기억에서 사라졌던 '달나라 청롱이'를 다시 만나 반가웠다.

낮의 청롱이는 뭐할까 궁금하여 휴일 낮에 샘터를 찾았다. 샘터 주변을 한참 둘러보았지만 청롱이 대신 낙엽 진 떡갈나뭇잎 하나가 꿈틀거리는 것이 보였다. 나뭇잎을 들추자 뜻밖에도 갈색으로 변한 청롱이가 숨어 있었다. 자연의 섭리대로 변색하였다지만 낯선 생명체 같아 안쓰러웠다. 한참 주절주절 이야기 나누다가 안녕을 했다. 그것이 청룡이를 본 마지막 모습이었다.

'아, 우리 청룡이….' 갑자기 보금자리를 덮쳐버린 거대한 굴삭기를 피하기는 했을까? 겨울잠 준비를 하다가 날벼락을 맞았을 것으로 생각하니 불쌍한 생각에 가슴 아팠다. 난리를 피해 어딘가에 다시 보금자리 틀기를 바라는 것 말고는 할 수 있는 게 없었다.

오솔길과 샘터를 밀어내고 만든 올림픽파크 보행로 광장은 매우 넓어 삭막하기까지 하다. 광장 부근에 샘터를 보존하고 오솔길도 살려서 실개천까지 흘러가게 했더라면 좋았을 것이다. 개발로 사라졌던 청계천이 복원돼 많은 사람이 도심 속 자연을 즐기고 있지 않은가. 어딜 가나 볼 수 있는 인공폭포는 억지로 물을 끌어왔을지라도 생활에 찌든 인간들을 정화하는 역할을 톡톡히 한다. 이렇듯 큰돈을 들이면서까지 자연을 복원하는데, 하물며 스토리가 있을 법한 자연을 없앤 것은 너무 아쉽다.

평화의 제전인 올림픽은 인류의 화합과 행복을 위해서 열린다. 인류의 행복에 자연 공존도 함께라면, 샘터와 달나라 청룡이는 사라지지 말아야 한다. 오래전부터 있던 자연을 파괴할 때는 각계각층의 의견을 청취하는 것으로 알고 있다. 그런 과정에서 인간과 자연이 공존하는 묘안을 짜내야 한다. 그리고 인간 불편 해소를 위해 자연을 훼손할 때는 이를 최소화한다고 약속해야 한다. 자연과의 약속을.

(2021년 「하늘내린 강원환경백일장」 대상.)

담배와 명품 백

"담배 일발 장전~!"

논산훈련소에서 훈련 중, 10분간 휴식시간에 나오는 조교의 명령이다. 그 시간이 되면 훈련병 모두 윗주머니에서 담배를 꺼내 입에 물고 불을 붙인다. 다들 담배 연기를 깊이 빨아들이며 꿀맛의 시간을 즐겼다. 대신 담배 안 피우는 나는 눈깔사탕을 입에 물며 단맛을 즐겼다. 그 당시, 비흡연자에겐 담배 대신 사탕을 줬다. 우리 중대원 중 두세 명 빼곤 거의 담배를 피웠다.

첫 주를 그렇게 보내다가 다음 주부터는 뻘쭘하여 옆 사람의 담배를 한 대 얻어 피워 봤다. 한 모금 빨았을 때 머리가 약간 띵 했지만, 기분이 묘하며 피로가 풀리는 듯했다. 무엇보다도 휴식시간에 함께 같은 행동을 하며, 전우애라고 할 동료의식을 느꼈다. 그렇게 시작하여 훈련 중 쉬는 시간마다 담배 맛을 들이게 되었다. 훈련 마지막 주쯤엔 휴식시간 말고도 식후 한 개비, 그렇게 피우면서 하루 열 개비 정도를 피웠다. 담배가 이틀에 한 갑씩 지급돼, 그 정도만 피워야 했고 그 이상은 피울 수 없었다.

내가 처음 접한 담배는 필터 없는 '화랑'이었다. "화랑 담배 연기 속에 쓰러진 전우야~"라는 군가 가사에 나오는 바로 그 담배다. 담뱃갑에는 평화의 상징 월계수 잎과 대한민국 국군 마크가 있어, 화랑 담배는 전역한 사람에겐 아직도 군시절 추억이 각인된다. 공교롭게도 내가 처음 접한 필터 없는 화랑 담배 이후, 화랑 담배는 내 군 복무 중 진화를 거듭했다. 일병으로 진급할 즈음, 화랑 담배에 필터가 달려 나왔다. 담배가 필터로 순화된 만큼 내 흡연 매력도 진화했다. 군인의 건강을 위해서 담배에 필터가 달려 나올 일이라면, 차라리 금연 교육을 하는 게 낫지 않았을까?

병장 진급 무렵, 화랑 담배는 갑자기 역사의 무대에서 사라지고, 시중의 브랜드와 같은 '거북선' 담배가 보급되었다. 또, 제대 무렵엔 담뱃값이 봉급에 포함되면서 '선(SUN)' 담배를 PX에서 사서 피웠다. 그때 'SUN' 담배는 사회에서도 중상급 정도로 괜찮은 수준의 담배였다. 군대 생활 말년에 고급 담배를 폼나게 피며 흡연의 매력을 즐겼다. 군대 담배의 진화는 역설적으로 나를 흡연가로 만든 흑역사가 되었다. 군대 생활 내내 필터 없는 담배만 나왔더라면, 난 복무 중 담배를 끊었을지도 모른다.

군대 생활이 끝나고도 담배는 늘 내 호주머니에 있었다. 본격 사회생활이 시작되면서 담배는 커피와 궁합을 이루며 대인관계에 중요한 수단이 되었다. 술이 약한 나로서는 인간관계 형성에 담배를 주로 활용했다. 다들 보통 하루 한 갑 정도 피웠지만, 그나마 난 습관대로 하루 반 갑을 고수했다.

그렇게 오십 대 초반까지 나는 흡연가였다. 그때 즈음, 사회적으로 비흡연자의 권리를 감안하면서 '금연'이 본격 대두되었다. 직장이나 공공장소 아무 곳에서나 담배를 못 피웠고, 급기야 흡연 장소가 지정됐다. 아무 곳에서나 날아오는 담배 연기를 마셔야 하는 비흡연자의 건강을 고려한 것이다. 나는 물론 우리 아들딸도 방 안에서 할아버지 담배 연기를 마시며 자랐는데 말이다.

그전에는 실내 어디서나 담배를 피웠다. 직장에서 근무하면서 책상에 앉아서 담배를 피웠고, 실내 자판기 앞에서 옹기종기 모여 커피 마시며 담배 피우는 게 다반사였다. 흡연 중 연장자나 상사를 만나면 예의상 담배를 가리고 고개를 돌리면 그만이었다. 책상엔 으레 재떨이가 있었고, 청소할 땐 상사 책상에 재떨이를 털고 걸레로 닦았다.

그러던 풍습이었는데 갑자기 지정장소에서만 피워야 했다. 비가 오나 눈이 오나 혹한에도 '흡연 장소'에 나가야 했다. 지정장소에서 직원들이 흡연할 때, 연장자인 내가 합류하면 모두 담배를 비벼끄고 도망치듯 자리를 피했다. 전엔 편한 장소 어느 곳이나 자기들끼리 모여서 피우면 되었다. 하지만, 흡연 지정장소가 생기면서 이런 난감한 일들이 생기는 것이다. 그래서 직원들을 피해 몰래 비상계단에서 피우다 들켜 범법자가 된 듯 당황한 적도 있다.

그때 즈음, 아들·딸이 내 흡연에 관해 이야기하면서 담배를 끊지 않으면 자기들도 담배를 피우겠다고 거의 으름장 수준으로 압박했다.

"아, 이젠 담배 피울 장소도 명분도 더는 없구나."

일단 그 자리에서 금연을 약속했다. 내 의지가 오락가락하던 차에 담배의 유혹은 어디를 가나 있었다. 제일 큰 유혹은 업무 중 휴식시간에 동료들과 커피를 마실 때다. 담배 피우는 사람들은 자판기 커피를 빼서 지정장소로 모였다. 금연했다는 나는 주머니에 담배가 없었다. 그래서 자의 반 타의 반 남의 담배를 한 개비씩 얻어 피웠고, 회식 중 잠시 나가서도 얻어 피웠다.

평생 금연한 선배가 그렇게 남의 담배를 얻어 피우려면, 제대로 끊으라고 충고했다. 담배 끊으면 담뱃값으로 '벤츠' 한 대는 생길 것이라고 했다. 비흡연자인 그는 정년퇴직까지도 벤츠는커녕 소형차를 몰고 다녔지만, 난 그의 충고에 귀 기울여 실질적인 금연을 결심했다. 그리고 그 결심에 +α가 될 일이 뭐가 있을까 하고 며칠을 생각했다.

"담배 사는 돈을 적립하면 벤츠는 아니더라도 뭔가는 남지 않겠나?"

선배의 말대로 금연 결과물로 생긴 담뱃값을 적립하기로 했다. 적립은 담배 한 갑 2,500원일 때 시작했다. 다음 해 담뱃값이 4,500원으로 올랐다. 그렇게 퇴직 때까지 5년을 모았더니 통장에 3백만 원이 모였다. 그 돈을 아주 의미 있게 써야 했다. 며칠을 고민한 끝에 결정했다. 아내가 외출할 때 헐렁한 가방을 메고 나가는 모습이 생각이 났다. 이때까지 아내가 아이들 키우고 가정을 잘 꾸려왔기에, 나도 직장생활을 무난히 마무리했을 것이란 생각에 이르렀다. 그래서 아들 딸과 상의하고 아내에게 내 퇴직 기념으로 명품 가방을 선물하기로 했다.

내 퇴직 축하 모임 때, 아내에게 명품 가방 선물 서프라이즈를 열었다. 아내는 놀라며 감동했고, 참석한 모두 축하의 박수를 보냈다. 그날 내 퇴임 축하연은 그 서프라이즈에 묻혀버렸다. 그래도 그 서프라이즈가 훨씬 감동적이고 가슴에 남았다.

이후, 그 가방의 정체와 사연을 이야기하면 다들 놀라고 감동했다. 하지만 반응은 엇갈렸다. 아내들은 감동하고 부러워했지만, 남편들은 별걸 다 해서 남편 입장 곤란하게 됐다고 웃었다. 선물은 아내의 몫이지만, 금연을 가방으로 연결한 발상은 둘의 여생을 더 돈독히 하는 계기가 되었다. 살아가면서 감탄할 일이 흔하지 않지만, 이 일은 우리 부부에게 소중한 추억이 되었다. 금연하고, 건강도 얻고, 아내에게 감동 준 그 순간을 함께 나눈 것, 뿌듯한 일이다.

당나귀

 나와 연년생인 형이 초등학교에 입학하는 날, 무작정 따라나섰다. 주변에서 마뜩잖게 보거나 말거나 계속 따라다니자, 엄마는 "아휴, 저 고집!" 하면서 발만 동동 굴렀다. 집에서 학교까지는 10리 길이었다. 교실에 내 자리가 있을 턱이 없어, 형 자리에 몸 반쪽을 걸치고 앉았다. 이를 본 선생님은 난감해했다. 그런데 얼마 후, 정식 입학이 되어 형과 한 반이 되었다. 보다 못한 아버지가 정상 입학 절차를 밟았고, 학교에서 반쪽 아닌 내 온몸이 앉을 자리를 마련해 주었다.
 신이 난 나는 형보다 먼저 학교에 달려가 자리에 앉았다. 엄마는 부랴부랴 학용품을 준비했지만, 가방까지 준비할 형편은 못 되어 보자기에 책을 둘둘 싸서 어깨에 메고 다녔다. 한 형제의 다른 모양새를 보고 다들 갸우뚱했지만, 난 괘의치 않았다. 형과 함께 학교에 다닌다는 것만으로도 좋았다.

그렇게 2학년이 되던 해 봄 무렵, 홍역을 앓던 형은 끝내 병마를 이기지 못하였다. 나는 형 없이 혼자 학교에 다녔고, 그럭저럭 초등학교를 졸업하고 읍내 중학교에 들어갔다. 중학교에서도 형 친구들과 학창시절을 함께 보내게 되었고, 형의 빈 자리는 항상 내 곁에 있었다. 그 빈자리가 내겐 허전한 공간이었지만, 부모님에게는 평생 지울 수 없는 응어리로 가득 차 있었을 것이다.

3학년이 되면서 고등학교 진학문제에 고민해야 했다. 부모님은 읍내 실업계 고등학교를 원했지만, 난 도시에 있는 인문계 진학을 마음먹었다. 어려운 형편에 유학 불허가 뻔하겠기에 몰래 인문계에 응시했다. 졸업식 바로 전날 인문계 합격 사실을 털어놓았다. 되돌릴 수 없는 상황에 아버지는 한숨만 쉬었고, 엄마는 "아휴, 또 당나귀 고집을 부렸네~!" 하며 한탄했다.

졸업식 날, 부모님은 오지 않았다. 하루하루 생계가 절박하기도 했지만, 내 무모한 고집의 파장이 진행 중이었을 것이다. 내가 벌인 일이라 원망할 수도 없었다. 졸업 축하 꽃다발을 받으며 가족과 사진을 찍는 친구들의 모습이 부럽기만 했다. 서둘러 식장을 빠져나올 때, 멀리 한편에 아버지가 보였다. 작업복 차림으로 보아, 항만 하역작업을 하다가 잠시 온 것 같았다. 허름한 차림의 아버지는 높은데 올라서서 두리번두리번하며 날 찾았다.

나는 그때 처음으로 세상 누구보다도 우뚝 선 아버지를 보았다. 그때 아버지의 모습을 눈에 말고 내 가슴에 담아야 했다. 난 옹졸하게도 고개를 돌리고 바로 집으로 향했다. 전날 일도 그렇지만,

아버지의 차림이 너무 초라하여 친구들 보기에 창피했기 때문이었다. 아버지는 졸업생이 다 나올 때까지 날 찾았을 것이다. 아니, 외면하는 날 보았을지도 모른다. 아버지는 끝내 졸업식에 간 사실을 말하지 않았고, 아버지를 외면한 난 가슴에 불효의 씨앗 한 톨을 심었다. 훗날, 나는 그 일을 사춘기라는 포장지로 에둘러 덮어 버렸다.

다른 말 없이, 아버지는 내 유학 거처를 알아보려고 팔방으로 뛰어다녔다. 아버지는 가장 먼저, 가까운 친척인 당숙 댁을 찾아갔다. 생활이 괜찮았지만, 아직 학생인 5남매가 있어 내가 더 얹힐 자리는 없었다. 두 번째 집은 학교 근처에 사는 친척인데, 궁핍한 생활에 한 사람 더 거처할 공간도 없는 집이었다. 마지막 집은 먼 친척 고모뻘로 남이나 다름없었다. 아버지는 고집불통 아들 때문에 자존심을 길바닥에 내던지고 다녔다. 학교까지 걸어서 한 시간이나 걸리는 거리였지만, 아버지는 벼랑 끝 심정으로 간곡히 요청했다. 마침내 고모네 가족의 배려로 내 거처가 결정되었다.

짐을 싸 들고 가 보니, 직장 다니는 형, 중고교형제, 초교 여동생 등 여섯 명의 가족이 있었다. 모두 처음 만났고, 나는 중·고교형제와 셋이 한방을 쓰게 되었다. 불편한 동거에도 불구하고, 가족들은 내게 잘해 주었다. 내가 그들의 고마움을 깊이 느낄 때, 아버지의 노고는 달나라 이야기처럼 묻혀 버렸다. 한 시간 거리의 학교 가는 강둑길은 강바람이 매몰차게 몰아쳤다. 훗날 생각해 보니, 그 강바람은 부모님 노고를 알라는 준엄한 회초리였다.

아들을 맡기고도 맘 편치 못했던 아버지는 바로 다른 거처를 수소문했다. 마침 소작농을 구하는 집이 있어 아예 가족 모두 이사하게 되었다. 그 집이 단칸 문간방을 내주어 집 걱정 없이 농사만 지어 주면 되었다. 아, 소작농이라니. 나 때문에 우리 식구 모두 단칸방에서 시련을 겪어야 했다.

그렇게 고교 과정을 보내면서 대학 진로 문제에 부딪혔다. 나는 대관령 너머 서울 쪽 진학을 생각했는데, 지역 교육대학을 권하는 아버지 의견에 고민해야 했다. 가까이 있는 교대는 학비, 유학비, 병역에 취업까지 유리해 우리 형편에 딱 맞았다. 하지만 내 적성에 더 맞는 학과를 찾아 서울에 있는 대학에 무작정 원서를 냈다.

"아휴, 저 당나귀 고집을 어찌할꼬?" 엄마는 또 한탄했다. 학비 혜택을 바라며 원서를 하향 지원했지만, 행운의 여신은 내게 더 이상 오지 않았다. 그로부터 내 인생의 자산이라고 생각했던 고집을 달래기로 했다. 그리하여 나의 내면에서 날뛰는 당나귀를 길들여 갔다.

돌이켜 보면, 나는 성장 과정의 중요한 순간에 무모한 고집을 부린 적이 꽤 있었다. 그러나 부모님은 내 고집을 무작정 꺾으려 들지 않았고, 내가 가고자 하는 길을 터 주려 애썼다. 그 과정에서 부모님은 몸고생, 마음고생을 마다하지 않았다. 그 사실을 나중에라도 알았지만, 난 부모님께 끝내 고마움의 말씀을 드리지도, 용서를 구하지도 못했다.

사랑하는 마꼬

초등학생이던 어느 날, 아버지가 병아리 다섯 마리를 데려왔다. 병아리들은 첫 보금자리인 종이상자가 낯선지 옹기종기 머리를 맞대고 귀가 따갑도록 삐악삐악 울어댔다. 방바닥에 내놓으면 종종걸음도 치고 달리다가 미끄러지기도 하였다. 그런데 점점 자라면서 주택문제가 생겼다. 나는 동생들과 힘을 합쳐 동네 공터에 굴러다니는 각목을 주워 닭장 건축을 시작했다. 버려진 그물을 앞쪽에 설치하고 판자로 지붕도 그럴싸하게 올렸다. 땀 흘린 결과 뛰어놀만한 공간의 닭장을 만들어 주택문제를 해결해 주었다.

처음에는 몰랐는데 수놈이 둘이라 암탉 쟁탈전에 어린 수탉 둘의 벼슬이 아물 날이 없었고, 암탉들은 싸움의 불똥이 튈까 늘 긴장하고 불안해하는 것 같았다. 이러한 사태를 방관하던 아버지는 닭장의 수탉 한 마리를 정리한다고 했다. 정리 결과, 그날 저녁 밥상에 닭곰탕이 올라왔다. 일곱 식구가 함께 먹을 수 있도록 닭곰탕을 끓여 별식 만찬으로 한 끼를 거나하게 해결했다.

 닭장에는 다시 평화가 왔고, 시간이 흘러 다 큰 암탉들은 알을 낳기 시작하였다. 그런데 그중 한 마리가 작은 덩치에도 알을 낳자, 엄마는 "어, 꼬마가 알을 낳았네?" 하면서 기뻐하였다. 사실 그놈은 병아리 시절부터 엉덩이 쪽이 삐뚤어지더니 중닭이 되면서 성장이 멈춰버렸다. 큰 닭에 비해서 워낙 작기에 그놈 이름을 '마꼬'라고 지었다. '꼬마'라고 하면 부를 때마다 마음에 상처를 입을 것 같아 뒤집어서 그렇게 지은 것이다. 마꼬는 자기 이름을 부르면 신통하게도 알아듣고 "꼬~꼬꼬~" 하면서 달려왔다. 덩치가 작아도 알은 잘 낳아서 식구들의 사랑을 독차지했다.

 그러던 중 내가 고등학교에 들어가면서 우리집은 시내로 이사를 했다. 이사한 곳은 대지주의 집 문간방이었다. 우리집은 그 집 땅에 농사지으며, 수확물을 분배받아 생계를 이어갔다. 키우던 닭 네 마리도 데려왔는데, 지주는 처음부터 못마땅해했다. 그런 와중에 혈기 왕성한 우리 수탉이 오합지졸인 지주네 닭들을 들들 볶아댔다. 자랄 때부터 가끔 고추장을 먹인 효과가 나타났다. 소작농이라는 열세의 위치에 있던 우리는 당당한 우리 닭 가족에게서 은근히 우월감을 느꼈다. 하지만 우리 닭들이 기세등등할수록 상대적으로 아버지의 마음은 오그라들었다.

 눈치를 보며 사태파악을 하던 아버지는 중대한 결단을 해야만 했다. 연약한 마꼬를 제외한 세 마리를 대폭 정리해고했다. 그나마 마꼬가 살아남은 건 참으로 다행이었다. 어쨌든 그 덕분에 우리는 사흘간 닭곰탕을 먹었다. 처음부터 마지못해 먹기는 했지만, 마지막 무렵엔 더 이상 삼킬 수가 없었다. 맛으로 먹기엔 힘겨울 정도로 가족같이 지내던 닭이 아니었던가.

행운아 마꼬는 지주집 닭들과 어울리면서 멸족 위기의 가문을 잘 지켜냈다. 마꼬가 안 보여서 "마꼬야~" 부르면 "꼬~꼬꼬" 하면서 총총걸음으로 달려와 반겨주었다. 닭들은 붙잡으려면 대개 도망치기 바쁘지만 마꼬는 살며시 앉아서 안아주길 기다렸다. 또, 안고 쓰다듬는 손길을 좋아하며 즐겼다. 우리 가족들은 마꼬가 주는 재롱에 위안도 받고 즐거움도 만끽하였다. 거의 매일 알도 낳아 식구들의 영양식에도 보탬을 주었다. 이런 예쁜 짓들은 소작농인 '을'의 위치에서, 황량한 생업전선을 헤매는 우리 가족에게 피로회복제 역할을 했다.

그런데 어느 날부터 지주네 닭들이 마꼬를 따돌림하고 학대하기 시작했다. 학대가 심해지더니 벼슬에 피가 마를 날 없이 구박하고 쪼아댔다. 선천적 장애를 가진 마꼬는 벼슬도 여려서 조금만 쪼아도 피가 철철 흘렀다. 또, 지켜주는 든든한 수탉이 없어서 더더욱 기죽어 지냈다. 처음에 우리 수탉이 자기네 닭들을 쪼아댈 때는 처분하라고 난리 치던 사람들이 전세가 역전되자, 이번엔 입을 꾹 다물었다. 이런 날이 계속되자 우리 가족들은 마음이 불편했다. 주눅 들고 기죽어 있는 마꼬에게서 우리는 더 이상 위안을 받을 수 없었다.

침묵하던 아버지는 또다시 중대한 결정을 하기에 이르렀다. 벼랑 끝 정리를 단행하기로 하는 것 같았다. 덩치가 작은 닭이기에 시장에 내다 팔기도 난감했던 아버지는 어스름한 저녁 무렵 마꼬를 안고 동구 밖을 나갔다. 뭔가 불길한 기운이 엄습했지만 내 힘으로 할 수 있는 것이 아무것도 없었기에 초조하게 시간을 죽이며 기다렸다.

얼마 후 아버지는 비닐봉지를 들고 다시 돌아왔다. 부엌으로 들어간 아버지는 비닐봉지 내용물을 솥에 털어 넣었고, 우리집 마지막 닭곰탕이 끓기 시작했다. 식구들과 한마디 상의도 없이 이런 중대한 결정을 내린 아버지가 야속하기만 했다. 저녁 밥상에는 이미 내 몫의 닭곰탕 한 그릇이 놓여 있었다. 토막나고 살점이 흐트러진 마꼬를 보고 하염없이 눈물을 펑펑 쏟았다.

"사랑하는 마꼬야, 지켜주지 못해 미안해… 정말 미안해…"

나는 마꼬의 비극으로 차려진 성찬을 즐길 수가 없었다. 문간방의 서러움이자 소작농의 비극이 마꼬의 최후로 이어졌다. 우리집의 처지가 연약한 마꼬에게까지 미쳤다고 생각하니 참을 수 없는 비애가 느껴졌다. 마꼬가 장애로 태어난 후 함께 자라던 오빠 수탉들이 사라지면서 홀로 남게 된 것이다. 그런 처지에 낯선 닭들에게서 구박 받으며 삶을 헤쳐나가느라 마음의 상처를 얼마나 받았을까. 마꼬의 그러한 처지는 고스란히 내 가슴속으로 스며들어 훗날까지 큰 상처로 남았다.

그날 이후 많은 세월이 흐른 지금도 우리가 사는 사회와 모든 생명체에게 존재하는 불균형한 관계에 대해 생각하곤 한다. 그래서 그런 불균형한 상황들이 모두 해소되는 날이 오기를 소망해 본다.

세상만사 바퀴

한동안 길거리에 보이지 않던 할머니들이 유모차를 밀고 가는 모습이 보이기 시작했다. 코로나 위기 상황이 한 단계가 낮아지면서 노인회관에서의 만남이 가능해졌기 때문이다. 사실 보행보조차라고 하는데 흔히 부르는 유모차라고 하면 더 정감이 있다. 팔꿈치를 손잡이에 얹고 가는 모습은 언뜻 보면 유모차와 할머니가 한 몸인 듯하게 보인다. 얼마 전까진 손주들이 타던 철 지난 유모차를 할머니들이 갖다 썼는데, 지금은 기능이 다양한 유모차 제품이 나온다. 새 제품에는 나들이할 때 필요한 물건을 넣는 수납함도 달려 있다.

이동하다가 힘에 부쳐 쉬고 싶으면 유모차를 세워 놓고 그냥 수납함에 앉으면 된다. 수납함이 바로 휴식 의자로 변신하는 것이다. 참으로 기발한 아이디어다. 세상에, 나들이하면서 의자를 갖고 다니는 경우라니? 바꿔 생각해 보면 의자에 바퀴를 달아 밀고 다니면서 걷기 힘들면 앉아서 쉬는 기구라 할까.

바퀴라는 물건은 참으로 편리하다. 걷기에 불편한 환자가 사용하는 보행보조기가 있다. 처음엔 지팡이에서 한층 발전된 도구로 환자가 한 걸음 한 걸음 옮기며 사용했는데, 어느 날부터는 바퀴가 달려 더 편하게 사용하게 되었다. 예전에 신발을 새로 사면서 타이어를 교체한다는 우스갯소리를 한 적이 있다. 두 발을 바퀴로 보고 신발을 타이어로 본 것이다. 지팡이를 짚으면 바퀴를 하나 더 장만했다고 보면 된다. 유모차로 다니면 자신의 몸은 여섯 개의 바퀴로 움직이게 되는 것이다. 유모차에 사람의 발인 두 개의 바퀴가 더 달렸다는 생각을 하다가 문득 어렸을 때 이사하던 기억이 떠올랐다.

　진눈깨비 내리는 초등학교 시절 어느 겨울날. 우리집은 시골 고향에서 짓던 농사를 접고 읍내로 이사를 하게 되었다. 장롱, 살림살이 등 이삿짐을 가득 실은 달구지는 누렁이 황소가 끌었다. 아버지는 고삐를 잡고 앞장섰고 가족들은 달구지 뒤를 따라갔다. 진눈깨비로 길이 질퍽거려 누렁이가 힘겨워하자 아버지는 고삐를 죄며 갈 길을 재촉했다.

　언덕길에 이르자 누렁이는 힘이 벅찬지 눈을 부라렸다. "음매~" 울부짖으며 나아가지 못하고 버텼다. 그럴 땐 가족 모두는 뒤에서 밀고, 아버지는 달구지 옆의 커다란 바퀴를 굴려 가며 누렁이를 도왔다. 나무로 만들어진 달구지 바퀴는 흙길에서 부드럽게 구르지 못했다. 진창길이 나오면 마찬가지로, 모두는 온 힘을 다해 뒤에서 밀고, 바퀴를 잡고 굴려야 했다. 두 개의 커다란 달구지 바퀴를 중심으로 앞뒤 옆에서 밀고 당기는 우리 가족은 흡사 일곱 개의 달구지 보조 바퀴였다. 모두는 커다란 달구지 바퀴와 함께 가동되는 또 다른 바퀴 역할을 하고 있었다.

식구들의 온몸을 진눈깨비와 진흙탕 범벅으로 만들어 놓고서야, 달구지는 유유히 언덕길을 넘었다. 언덕 위에서 잠시 휴식을 취하면서 우리 가족은 비 맞은 생쥐 몰골이 된 서로를 보며 환하게 웃었다. 우여곡절 끝에 '달구지 바퀴'와 '우리 가족 바퀴'가 어우러져 이삿짐을 무사히 옮길 수 있었다.

우리 가족은 지난 이삿날에 바퀴와 뒤엉켜 힘겨웠던 기억을 간직하고 있지만, 낭만적인 또 다른 바퀴를 보게 되었다. 최근 TV에 「바퀴 달린 집」이라는 프로그램이 있어 궁금하여 봤는데, 실제로 집에 바퀴를 달아 차량으로 끌고 다니는 게 눈길을 끌었다. 캠핑카가 차라면 이건 캠핑 하우스다. 생필품을 갖고 다니면서 요리도 해 먹고 이야기를 나누며 쉬다가 한 가족이나 그 이상의 인원도 숙박할 수 있다.

전망 좋은 곳에 주차하면 그야말로 휴양지 호텔이 부럽지 않다. 경치가 싫증 나면 더 좋은 경치를 찾아 옮기면 그만이다. 먼 곳의 지인을 부를 필요가 없다. 집에 바퀴가 달렸기 때문에 집을 끌고 찾아가면 된다. 식당에 갈 필요도 여관에 갈 필요도 없다. 바로 그 자리 거기에서 먹고 자고 모든 걸 해결한다. 바야흐로 바퀴가 주인공이 되는 '생활의 종합 세트장'이 펼쳐진 듯하다.

집에 바퀴가 달려 있을 정도면 어딘들 바퀴가 없는 곳이 있을까? 바퀴는 인간이 생활하는 곳곳에 스며들어 있다. 캐리어가 대표적이겠지만 옮겨야 하는 큰 물건엔 바퀴가 거의 달려 있다고 보면 된다. 무거운 생활가전제품은 여럿이 들어 옮겨야 했는데 밑부분에 바퀴 몇 개만 달면 혼자서도 옮길 수 있다. 지난날의 사람들은 왜 이런 간단한 원리를 생각해내지 못하고 힘들게 생활했는지 안타까울 뿐이다.

자동차가 아니더라도 바퀴 달린 킥보드나 롤러스케이트는 멀지 않은 거리 정도는 쉽게 이동할 수 있다. 어떤 신발은 뒤꿈치에 바퀴가 살짝 달려 복잡하지 않은 길이라면 미끄러지듯 빨리 갈 수 있다. 의자에 바퀴가 달린 지는 오래됐지만 농사짓는 어르신들의 엉덩이 의자는 편리하기도 하고 신기하게 봤는데, 어느 때부턴가 거기도 바퀴를 달아 더 쉽게 움직이는 것을 보았다.

바퀴는 어떤 물건과도 함께 어울리면 새로운 힘이 발휘된다. 통나무와 돌이 따로 있으면 그냥 그 자리에 있지만, 통나무 위에 돌을 올려 굴리면 원하는 장소로 옮길 수 있다. 이런 방식으로 거대한 돌을 옮겨 웅장한 이집트 피라미드를 만들었다는 것은 알려진 사실이다. 마차에서 자동차에 이르기까지 역사적으로도 바퀴의 원리를 활용하여 작은 힘으로 큰 효과를 낸 일들은 부지기수다.

우리 가정사나 세상사도 마찬가지다. 부모라는 바퀴는 가족을 위해서 헌신하고, 자식이라는 작은 바퀴들은 좋은 꿈을 실현해가면서 큰 바퀴로 성장해야 한다. 그랬을 때 그 가족은 화목하고 정상적인 가정이 된다. 사회 지도자는 위치에 걸맞게 역할을 다하고, 사회 구성원 개개인도 자신의 역할을 다 했을 때, 여러 개 바퀴가 조화롭게 굴러가듯 이상적인 사회가 유지될 것이다.

이사 가는 날

　내 나이 세 살쯤, 내가 태어났던 집에서 내 기억이 시작된 집으로 이사를 했다. 새로 옮긴 그 집에서 할머니가 세상을 떠났고, 난 초등학교에 입학했다. 읍내 있는 학교까지 왕복 8km를 걸어서 다녔다.
　2학년 말쯤 진눈깨비 질척거리던 날, 우린 정든 고향을 등지고 읍내로 이사했다. 소달구지에 실은 이삿짐이라고는 달랑 장롱 한 개와 솥단지, 옷가지 등 단출한 세간살이가 전부였다. 짐 실은 소달구지를 따라 진눈깨비를 맞으며 우리 가족은 읍내 낯선 집에 짐을 풀었다.
　셋방살이가 시작되었다. 초가집에만 살다가 처음으로 살게 되는 기와집이었지만 셋방이라 달갑지는 않았다. 그늘진 뒷방 두 칸에 우리 가족 일곱 명이 살았는데, 주인 가족이 사는 앞마당으로 나오기 전엔 해 구경을 못 했다. 그 당시 배우 김승호 주연의 흑백영화 「셋방살이」를 보았다. 우리와 같은 처치의 상황에 공감이 갔고, 주인공의 성공을 보고 감명도 받았다. 그 집에서 3년 살면서 할아버지가 돌아가셨고, 부근 언덕 위 달동네 꼭대기에 있는 두 칸짜리 초가집을 5만 원에 사서 이사했다. 이삿짐은 아버지가 리어카로 날랐다.

이사 간 집은 진흙 벽돌의 허술한 초가집으로 천장이 없어 서까래가 앙상한 생선 갈비뼈처럼 드러났다. 요즘은 카페에 서까래 노출이 인테리어 트렌드이지만, 그때는 어설프기 짝이 없는 집이었다. 외풍도 심했고 큰비가 오면 서까래 사이로 빗물이 새어 들어왔다. 한번은 친구가 놀러 왔는데, 소나기로 천정에서 빗물이 떨어져 그 친구가 깡통을 양팔로 받쳐 든 적이 있다. 그 친구를 벌서게 한 듯하여 미안하고 창피해서, 그 후론 친구가 집에 오는 걸 꺼리게 되었다. 그 집에서 중학교를 마쳤고, 고등학교를 진학하면서 시내로 이사했다.

이사한 집은 대농 지주 집의 문간방이었는데, 우리가 그 집 땅을 경작하고 수확물을 반씩 나누었다. 요즘과 비교하면 엄청 비싼 농지사용 대가였다. 문간방은 나그네가 묵는 방 같아 좋지 않은 기억을 남겼다. 허술한 집에서 살던 기억은 사춘기 때 내 성격 형성에 영향을 끼쳤다.

난 마이크로버스를 타고 학교를 통학했다. 시내버스가 본격 도입되기 전 20명 정도 타는 그런 소형버스가 대중교통 수단이었다. 버스를 놓쳐 한 시간 반을 걸어 등교한 적도 있다. 아버지가 가을

추수 후 자전거를 사준다고 하여, 연두색 자전거로 실록의 제방길을 달리는 상상을 했다. 우린 가을 수확 후, 바로 역 부근 월세 집으로 이사했다. 아버지는 쌀을 팔아 시커먼 색 중고 자전거를 사주었다. 내 철부지 생각에서 연두색 자전거는 허공으로 날아갔다.

이사한 집은 ㅁ자 구조의 집이었는데, 우린 안채와 마주 보는 방 두 칸에 살았다. 아버지가 철도화물 하역 일하는 역이 가까운 곳이었고, 난 자전거를 타고 통학했다. 마침 이웃에 같은 학교 친구가 살아 함께 자전거로 통학했다. 많은 세월 동안 돌고 돌아. 그 친구와 이웃으로 우연히 다시 만났다. 그 친구와는 지금도 부부동반으로 식사도 하며 만난다. 그 집에서 일 년 살면서 누나가 출가했고, 난 2학년을 마쳤다. 우린 다시 아버지 일터인 역과 좀 더 가까운 곳에 있는 집으로 이사했다. 역과 가까운 '역세권 집'은 우리에게는 별 의미가 없었다. 오히려 철길이 가로막혀 불편할 따름이었다.

그 집은 ㄱ자 집 본채가 있고, 부엌은 공동사용에 우린 사랑채 두 칸에 살았다. 거기서 3년 살면서 난 고교를 졸업했고, 공무원 생활을 시작했다.

어느 날 부모님은 인근에 있는 단독 주택을 사서 이사한다고 중대발표를 했다. 허름하긴 했지만 부엌, 방 두 칸의 기와집으로 70만 원에 구입했다. 아버지가 새벽일 가신 중, 동생과 새벽부터 리어카로 이삿짐을 모두 옮겼다. 시내로 온 지 6년 만에 작으나마 우리 집을 장만한 것이다. 뿌듯하긴 했지만, 대지가 우리 땅이 아니고 집도 낮고 허름했다. 집을 장만하긴 했다 해도 집에 대한 의기소침은 이어졌다.

몇 년 후, 내 독립공간이 필요해 집 뒤편에 내방을 별도로 만들었다. 동네에 산재한 돌을 모으고, 앞 실개천의 모래를 퍼 날라 시멘트 벽돌을 만들어 쌓았다. 슬레이트와 각목을 사서 지붕을 올리고, 벽 미장까지 직접 했다. 새마을 보일러를 깔고, 도배까지 하여 완공했다. 비록 한 칸이지만 내가 집을 짓다니, 스스로 생각해도 대견했다. 땅 주인에게 사전 승낙을 안 받아 조마조마했지만, 그분은 너그럽게 넘어가 주었다.

그렇게 3년을 살던 중 난 군에 입대했다. 3년 복무를 마치고 돌아와 보니 집 전면에 넓은 마루가 놓였고, 벽도 하늘색으로 칠하여 그림 같은 집이 되어 있었다. 동생이 취직하여 모은 돈으로 대대적인 덧붙임 보수를 했다는 것이다. 그렇게 몇 년을 살았고, 난 승진하여 인근 도시로 발령받고 출퇴근했다.

어느 날 숙직하고 집에 오는데, 마을에 소방차가 보여 불길한 예감이 들어 뛰어갔다. 그런데, "아! 이런~!" 우리집이 활활 타고 있는 게 아닌가. 소방관들이 화재 진압을 하고, 놀라서 기절한 아내는 병원에 입원했다. 진압이 완료되자 뒷밭 비닐하우스에서 떨고 있는 아버지를 안정시켰다. 아들, 딸도 다친 데 없고 가족 모두 무사하였다. '화재를 만나면 살림이 불같이 일어난다'라는 말을 상기했다. 다음날, 부모님은 인근 반장댁에 임시 거처하고, 우리 4가족은 차로 20분 거리 처가댁으로 갔다.

정처 없는 3개월 동안 이사할 집을 수소문했다. 여기저기 알아보던 중 마침 우리 옆 동네에 35평 아파트가 났다. 그런데 "세상에 이런 일이~" 모르고 갔는데, 집 매도자는 외지에 사는 이종사촌 누님이었다. 매형이 공무원 고위직인데, 재산 실명등록 문제로 갑자기 집을 내놓게 되었다는 것이다. 정확한 사유는 모르지만, 당시 금융실명제와 공직자 재산등록 시행으로 인한 일로 알고 있다. 급매물이라 시가보다는 낮게 내놓았는데, 우리 상황을 들은 누님은 더 낮은 가격인 6,700만 원으로 계약을 해 주었다. 당시 실거래가가 1억 원이 넘었다고 하니, 불 만난 후 나타난 첫 번째 운이라는 생각이 들었다. 구입 자금은 전액 대출했고, 상환은 30년 후 결국 내 퇴직금으로 마무리해야 했다.

비 새는 초가집, 허름한 집, 셋방살이, 문간방, 화재 등 집 문제로 성장기에 마음의 상처를 많이 받으며 살았다. 마침내, 가족 모두 안정적 공간이 있어 실로 간만에 마음의 평정을 찾았다. 화재로 세간살이를 모두 잃었기 때문에 이삿짐 없이 달랑 몸만 가지고 이사했다. 장모님이 냉장고와 장롱을 다시 장만해 보내면서 딸 시집 두 번 보낸다고 웃었다.

내 집을 장만한 이후, 우린 30년을 큰 불편 없이 살고 있다. 그런 재주도 없지만, 남들처럼 재테크로 집을 팔고 사고 하지 않았다. 또, 집에 소박한 삶을 초과하는 그 어떤 덧붙임도 하지 않았다. 그래도 새 식구를 맞이할 준비로 세태에 맞는 리모델링 정도는 조금 해야 하겠다는 생각을 하고 있다.

칼국수의 추억

　칼국수를 즐겨 먹는 나는 십여 년이 넘는 세월 동안 찾아가던 단골집이 있었다. 요즘 보기 드문 솟을대문이 있는 오래된 한옥으로 골목 안 맛집이다. ㅁ자 형태 지붕 사이로 비치는 한 조각 햇살이 칼국수 맛의 운치를 더한 것도 단골집이 되는데 한몫했다. 그 집은 인근에 시청, 우체국 등의 관공서가 있던 시절에는 멀리서 출장 온 공무원들이 머무는 소박한 여인숙이었다. 세월이 지나면서 관공서들은 외곽으로 모두 떠났고, 그 여인숙은 칼국숫집이 되었다.
　언제든 사장 아주머니의 구수한 입담과 손맛이 깃든 칼국수를 맛볼 수 있는 곳이었다. 그런데 어느 때부턴가 점점 사람들이 몰리고 급기야 줄까지 서서 기다려야 했다. 줄을 건너뛸 수도 없어 아주머니와 인사만 나눴는데, 예전의 활기찬 모습은 간데없고 지친 모습이 역력했다. 유명방송인의 방송을 탄 뒤로 사람들이 몰려들기 시작했다는 것이다. 단골손님 상대하는 것만으로도 신명 났는데 요즘은 힘든 나날을 보낸다며 푸념처럼 엄살을 떨었다. 그런 와중에 이전과 같은 정성 어린 손맛이 사라질까 염려되었다.

그날 이후 지날 때마다 기웃거려 보지만, 긴 줄 때문에 입맛만 다시며 지나치곤 한다. 줄을 선 사람에게는 맛 탐방의 좋은 기회겠지만, 우리네 단골들은 느닷없이 맛을 빼앗겨 씁쓸하다. 골목 맛집 아주머니의 구수한 담소와 더불어 손맛 나는 칼국수 맛이 그립지만 어쩔 수 없는 세태만 탓하게 된다.

내가 칼국수를 먹기 시작한 것은 엄마 젖을 떼기 전부터였다고 한다. 한 살 터울로 태어난 동생에게 엄마 젖을 빼앗겼기 때문이기도 하지만, 쌀이 귀하던 시절이라 이유식으로 칼국수를 먹었기 때문이라고 한다. 그런 일상에서 칼국수는 내 인생에 최장의 맛 음식으로 자리 잡았다. 하지만 칼국수 얘기만 나오면 초등학교 시절 가슴 아픈 칼국수의 기억이 떠오른다.

그날 아침, 엄마는 숯검정이 덕지덕지 붙은 솥을 통째 방에 들여왔다. 솥 안엔 국물이 없어 차라리 묵이라 하면 더 나을 칼국수가 담겨 있었다. 전날 저녁 먹다 남아 불어터진 것이었다. 그 시간 아버지는 보이지 않았고, 아버지의 빈자리, 숯검정 솥, 이상한 칼국수… 이 모두는 아침 분위기를 침울하게 했다. 엄마는 묵이 된 칼국수를 주걱으로 툭툭 잘라 할아버지 앞에 한 대접 놓고 우리에게도 내밀었다. 칼국수를 숟가락으로 푹 찍어 입에 넣자 뭔지 모를 슬픔이 울컥 솟았다. 할아버지는 상황을 몰랐는지 더 달라고 빈 그릇을 내밀었고, 엄마는 말없이 칼국수 한 조각을 툭 잘라서 담아 드렸다.

한나절이 되어서야 아버지가 지난밤, 집 나간 사실을 알았다. 대물림 가난에 심해지는 생활고로 그날 저녁 엄마와 다툰 아버지는 칼국수를 몇 젓가락 들다 말고 나갔다. 엄마는 새벽에 이웃의 귀띔으로 아버지의 가출 소식을 들었다. 그런 엄마의 울화가 칼국수 솥에 담겼고, 싸늘한 집안 분위기는 불어터진 칼국수를 묵으로 만들었다. 며칠 후 아버지는 귀가하였지만 결국, 그날 아침 칼국수 식사는 우리 가족사에 가장 슬픈 기억으로 남았다.

칼국수에 얽힌 이런 가슴 아픈 기억에도 불구하고 우리 가족은 거의 매일 칼국수를 먹어야 했다. 선택의 여지가 없었다. 한 끼가 절박한 시절, 밀가루와 소박한 재료만으로도 아홉 식구가 배불리 먹을 수 있는 음식이 칼국수였다. 내가 칼국수를 좋아하게 된 것은 엄마가 감자, 애호박, 깻잎, 풋고추 등으로 맛을 냈기 때문이리라. 그 시절 음식량을 푸짐하게 하려면 손에 닿는 대로 텃밭 재료를 듬뿍 넣을 수밖에 없었을 것이다.

엄마표 칼국수는 언제나 마당가 '내거리(화덕)' 큰 솥에 장작불로 끓였다. 현 시절 기준으로 보면 뭔가 특별히 맛을 내기 위한 조리일 것 같지만, 아홉 식구 분량을 만들려면 마당가 큰 솥이 효율적이기 때문이었다. 지금은 전통을 잘 잇는 유명 식당 정도는 돼야 화덕 솥에 장작불로 조리한다. 그래서 세상은 참으로 아이러니하다.

그 후 엄마는 시장통에서 함지박 장사를 시작하였다. 자연히 손칼국수를 만들 시간이 없었기 때문에 우리는 제면소 국수를 먹게 되었다. 제면소 틀로 뽑는 국수 중 단면이 둥근 것은 잔치국수가 되고, 납작한 것은 칼국수가 된다. 실제는 칼국수가 아니고 '틀국수'인 셈이다. 나는 칼국수든 틀국수든 엄마가 끓인 국수는 매일 먹어도 질리지 않았다. 국수 맛있게 먹는 조기교육을 받은 건 확실하고, 국수 당기는 맛 유전자 또한 품고 태어난 듯하다.

이제 단골집을 빼앗긴 나는 칼국수 맛집을 새로 정해야 했다. 워낙 많은 종류의 국수를 접하다 보니 선택이 어려운 게 사실이다. 가장 먼저 떠오르는 국수가 이름부터 재미난 콧등치기이다. 가락을 쭉 빨아들이면 면발이 느닷없이 콧등을 쳐서 이름 지어진 국수다. 정선 아우라지 뗏목 축제 구경 후, 야시장을 들러 콧등치기를 경험할 수 있었다. 의도적으로 여러 번 세차게 쭉 빨아들였으나, 정작 면발이 콧등을 친 건 딱 한 번이었다. 어쩌다 콧등을 치는데도 익살스러운 이름을 붙인 선조들의 재치에 감탄했다. 어쨌든 콧등을 맞고도 재미난 일이 이 말고 또 있을까?

재미난 국수는 또 있다. 평창 대화장터에서 먹은 올챙이국수다. 옥수수 반죽을 구멍 숭숭 뚫린 바가지로 끓는 물에 내리면서 익힌다. 그때 떨어지는 면발이 마치 헤엄치듯 꼬리를 살랑살랑 흔드는 올챙이 같다고 하여 이름 지어졌다. 재미난 유래를 알아 가면서 음식을 먹어 보는 것은 신나는 일이다.

물 건너온 파스타, 똠얌국수, 쌀국수 맛도 보았다. 싫지 않은 글로벌 국수지만 적어도 내 입맛에는 국물 뜨거운 우리 칼국수가 최고다. "후루룩~" 맛깔나는 소리에, 뜨거운 땀도 흘리며, 얼큰한 국물을 들이켰을 때, "어~ 시원해"라는 후렴구가 흥처럼 절로 나오는 맛! 이게 바로 신명 나는 우리 맛 아닌가!

어서 빨리 세태가 앗아간 나만의 맛을 찾아 나서야지. 칼국수가 당기는 날엔 바로 갈 수 있게, 멀지 않은 곳에 단골집을 하나 장만해야겠다.

(『수필문학』 추천완료, 2022년 5월호.)

3

내 시선이 머무는 곳

메밀꽃을 찾아서

    가을 문턱에 막 접어드는 9월초, 신종 코로나로 2년 가까이 나들이를 못하게 되었다. 다람쥐 쳇바퀴 도는 일상의 하루를 접고 봉평으로 향했다. 몇 년 전 인상 깊게 보았던 봉평의 메밀꽃이 생각났고, 코로나 백신을 두 차례 모두 접종받아 여행에 문제없을 것으로 생각되어 결심했다. 이효석의 봉평은 지금 메밀꽃이 한창 피어 있을 것이고, 그곳에 가면 아름다운 풍경과 많은 이야깃거리가 나를 기다리고 있을 것이다.
    대관령, 진부를 지나 봉평에 본격적으로 들어서자 이효석의 소설 『메밀꽃 필 무렵』을 형상화한 모습들이 보이기 시작했다. 소설의 주인공 허생원과 동이는 당나귀를 몰고 가는 모습으로 곳곳에 세워져 있었고, 음식점과 펜션의 간판에도 끼어 있었다. 메밀밭이 보이기 시작하면서 이효석의 봉평이 실감났다.
    메밀은 척박한 땅에서 잡초처럼 꿋꿋이 자라며 대우도 잘 못

받지만, 여기선 이효석이 남긴 소중한 자산으로 귀한 대우를 받는다. 예부터 메밀을 심기는 했겠지만, 이효석이 태어나고 『메밀꽃 필 무렵』 소설을 썼기 때문에 그렇고, '메밀꽃이 달밤에 소금을 뿌린 듯하다'고 하여 더욱 그렇다.

봉평장터는 가는 날이 장날이 아니어서 썰렁하기만 했다. 소박한 거리의 간판들은 한눈에 봐도 이효석의 고장이라는 것을 알 수 있었다. 장터 인근에 있는 가산공원에도 소설을 형상화한 모습들이 있었다. 공원 안 충주집에 들렀을 땐 들큼한 막걸리 냄새에 허생원이 동이를 야단치는 질투의 고함이 들리는 듯했다.

먼저 메밀꽃 풍경이 좋다는 무이예술관을 들렀다. 과연 다른 데 보다 넓은 밭에 메밀꽃이 가득 담겨 있었다. 이효석이 보듯 메밀밭을 문학적으로 고상한 척 바라보았다. 하지만 내 눈에 소금은 보이지 않고 쌀가루에 쑥을 버무린 듯한 모습으로 보일 뿐이었다.

그 당시 내가 소설을 썼다면 '산허리는 온통 메밀밭이어서 피기 시작한 꽃이 쑥버무리를 뿌린 듯…'이라고 썼을 것이 아닌가? 이런 생각이 들자 너무도 한심하여 쥐구멍이라도 찾고 싶었다. 그만한 경지에 다다르지 않아서인가? 아닐 것이다. 달밤도 아닌 대낮인데 그렇게 보일 리가 없다며, 다시 스스로에게 위로했다.

이효석이 본 메밀밭은 산허리라고 했으니 여기처럼 평지가 아니라 경사지였을 게 분명하다. 밤중에 달빛이 그 산허리에 쏟아지며 소금을 뿌렸으리라. 달빛의 양과 땅의 경사 각도가 조화를 맞춘 절묘한 순간이 위대한 소설가 의식 속의 명문장을 콕 집어냈을 것이다. 어쨌든 흔히 볼 수 없는 메밀밭의 경치이기에 카메라에 담고 가슴속 깊이 갈무리하였다.

그러다 보니 몇 년 전 여기서 열렸던 사진 촬영 행사가 생각났다. 메밀밭 원두막 앞에서 허름한 옷차림으로 분장한 아낙이 메밀 낟알을 키로 까부르는 모습을 연출하였다. 진행자의 신호에 따라 행동을 여러 번 반복하여, 아낙은 이마에 땀이 맺혔고 힘겨워하는 모습이 역력했다.

순간, 어릴 적 어머니 모습이 떠올랐다. 스무 살도 안 되는 나이에 논마지기도 없는 찢어지게 가난한 집에 시집왔다. 말 그대로 언덕배기에 일군 밭에 감자, 메밀 정도로 농사를 하며 근근이 생계를 유지하던 때였다. 나의 어머니 역시 저 아낙처럼 힘들게 메밀을 까부르며 이마에 송골송골 땀이 맺히며 힘겨운 삶을 엮어 갔겠지.

낟알을 까고 난 메밀 겨는 단단하고 쉬 부서지지 않기 때문에 베갯속을 넣었다. 가끔은 베갯속 메밀 겨가 햇볕 아래 멍석에 펼쳐져 있고, 베갯잇은 빨랫줄에 널리는 때가 있었다. 메밀 겨가 마당 볕에 널릴 때마다 생기는 정황이 있었다. 아버지가 놀음판을 전전하며 며칠씩 집에 안 들어오는 날이다. 엄마는 찌든 가난과 가장의 대책 없는 행동에 밤새 하염없이 눈물로 베개를 적셨으리라. 그리고 다음 날 베개를 까뒤집어 메밀 겨를 말렸을 것이다. 그렇게라도 하지 않으면 자신의 속이 뒤집어졌겠지. 이런 생각에 힘겨워하는 그 아낙을 모델로 사진을 더는 찍을 수 없어, 슬며시 행사장을 빠져나왔다.

또 다른 메밀밭을 찾으려고 여기저기 기웃거리다가 평창 관광안내소 옆에 있는 물레방앗간을 보게 되었다. 역시나 나그네의 궁금증을 덜어 주려고 안내판이 오라고 손짓한다. 이효석의 소설 메밀꽃 필 무렵의 배경 중 하나인 그 물레방앗간을 재현한 곳이다.

소설의 주인공은 허생원과 동이. 소설 속의 물레방앗간은 무슨 장소인가? 허생원이 성서방네 처녀와 첫정을 나누었던 장소가 아닌가? 왼손잡이 동이가 왼손잡이 허생원의 아들이 맞는다면, 동이를 태어나게 한 장소가 바로 이 물레방앗간이다. 결국, 성서방네 처녀가 동이를 잉태한 장소라고 볼 수 있다.

내친김에 장돌뱅이들이 대화장을 가려고 넘었을 산허리로 이동하였다. 이효석이 보았던 소금 뿌린 메밀밭이 재산고개 부근 어딘가에도 있지 않을까? 자동차로 이동하면서 매의 눈으로 메밀밭을 찾았으나, 결국 보이지 않아 못내 아쉬웠다. 메밀밭이 있음 직한 산허리엔 KTX평창역, 한전변전소, 서울대학교 평창캠퍼스가 들어와 있어 격세지감을 느끼게 했다. 다만 돌아오는 길에 보았던 '메밀꽃 유치원'이란 간판이 아쉬움을 조금은 달래주었다. 초등학교가 폐교되고 새로 생긴 유치원인데, 그나마 '메밀꽃' 세 글자라도 대화장 가는 길에 남겨 놓았으니 얼마나 다행인가.

돌아다니다가 보니 어느덧 점심시간, 도로변에도 식당들이 있었지만 봉평에 왔으니 메밀국수를 먹어야겠기에 다시 봉평으로 차를 돌렸다. 봉평 입구에 다시 왔을 때, 아까 올 땐 터널 통과로 안 보였던 표지석이 보여 도로 오른쪽에 잠시 차를 세웠다. 커다란 돌판이 고인돌처럼 받침대 위에 덜컥 올려져 있는 데, '판관대'라고 표시되어 있다.

표지석의 설명문을 보면, 이율곡의 아버지 이원수가 경기도에서 수운판관직에 있던 기간 중 신사임당과 살던 집터라고 한다. 아니 봉평에 이율곡이라니? 계속 읽어 보니 그렇게 사는 동안 율곡을 잉태했다는 것이다. 율곡이 태어난 지 꼭 열 달 전에 신사임당이 이곳에 이전하였다는 것으로 보아 잉태사실은 생물학적으로 입증된 셈이다. 처음 들어보는 잉태지 기념장소라니…. 그럼 아까 본 물레방앗간도 동이를 잉태한 기념장소가 아닌가?

'판관대는 이율곡이 잉태된 곳'이고 '물레방앗간은 동이가 잉태된 곳'이다. 결국은 전국 어느 곳에서도 보기 힘든 잉태지 기념장소가 작은 시골에 두 곳이나 있다는 사실이다. 물론 잉태지가 실증된 판관대와 소설 속 물레방앗간은 상황이 다르다 하더라도 말이다.

조금 더 지나 율곡을 기리는 '봉산서재'에 들러 율곡의 영정에 참배하며 잉태를 축복해 드렸다. 식당을 찾다가 대문 옆에 운치있게 심은 메밀꽃의 유혹에 끌려 그 집에서 메밀국수를 맛있게 먹고 차를 돌렸다.

이효석의 자취를 따라 메밀꽃과 허생원, 동이를 보면서 상전벽

해의 세월로 변화된 커다란 흔적들이 이 지역 발전에 큰 밑거름이 되길 소망했다. 하지만 흘러가는 시간 속으로 추억의 흔적들이 사라져 아쉬움은 남았다. 그래도 시원한 메밀꽃을 보며 가슴 확 트인 기분을 얻은 것과 봉평을 찾아서 수집한 이야깃거리는 쳇바퀴 일상에 조금이나마 활기가 된 것만은 틀림없다.

　코로나 위중이 끝나고 또다시 활기찬 삶의 고동이 울려 퍼질 때 다시 봉평의 메밀꽃을 찾아보리라.

(2021년 제42회 「이효석백일장」 장려상.)

내 안의 샘터

　서울 동숭동 대학로 연극 보러 갈 때, 인도 요릿집 찾아갈 때, 늘 눈에 띄는 건물이 있다. 빨간 벽돌에 담쟁이 넝쿨을 입은 운치 있는 건물이다. 4층 끝 담쟁이가 하늘과 맞닿은 곳에 있는 『샘터』 간판이 샘터사 사옥이라는 걸 알려줬다. 언제부터인가 샘터 간판이 안 보인다 했더니, 인근 혜화동에서 보였다. 한동안 어려움을 안고 휴간한다는 말도 돌았으나, 다행히 정상운영하고 있다고 한다. 샘터가 오래오래 우리에게 마음의 양식이 되길 소망해본다.

　월간지 『샘터』는 내가 어릴 적부터 쉽게 접하고 즐겨 읽던 책이다. 학교 교실에서도, 도서관은 물론 관공서나 은행 창구에 가도 있었다. 평범한 생활에서 소소한 행복을 찾는 내용이 담겨 있어 공감이 가고, 읽고 나면 기분이 훈훈해졌다. 알게 모르게 내 삶에도 좋은 영향을 주었으리라. 물이 샘솟는 샘터가 자연의 고향이듯, 좋은 이야기가 나오는 책 『샘터』는 내 마음의 고향이 되었다.

샘터 책에서와 마찬가지로 실제 내가 산속 계곡에서 만난 샘터의 기억도 훈훈하다. 어릴 적 땔감 구하는 아버지를 따라 산에 가끔 갔는데, 샘터가 있는 '범박골'에 간다고 하면 신나서 따라나섰다. 그곳 샘터에 날 기다리는 가재가 있기 때문이다. 가재는 나를 만나면 꼬리를 흔들었다. 뒷걸음치면서 마치 춤추듯 꼬리쳤다. 가재는 수줍음이 많아서 살짝 숨기도 했다. 손으로 살짝 잡으면 살랑살랑 또 꼬리를 흔들었다. 꼬리를 흔드는 생태적 의미는 몰라도 그냥 반가웠다. '범박골, 샘터'는 '책, 샘터'보다 먼저 내 마음의 고향이 되었다. 그때 내 마음 깊은 곳에 샘터 하나를 마련해 놓았다.

샘터 주변엔 예부터 사람들이 집을 짓고 모여 살았다. 조용한 샘터는 사람들이 모여 살면서 왁자지껄 우물로 진화했다. 우물가에는 빨래터도 있어 마을 아낙들이 모이면, 다양한 말들을 토해냈다. 그네들은 삶에 숨 막히면 물동이를 이고 우물로 갔다. 동이에 근심 걱정을 담아서 우물가에 쏟아내고, 그 동이에 맑은 물을 담아 가서 팍팍한 삶을 진정시켰다.

우물가엔 지나는 나그네도 먹을 수 있도록 늘 바가지가 있었다. 우물가에 나그네, 처녀와 물바가지는 많은 이야기를 만들어냈다. 더 많은 사람이 모여 살면서 우물은 점차 깊어졌고, 바가지는 두레박으로 바뀌었다. 또, 우물은 손으로 젓는 작두펌프로 진화하기도 했다. 작두펌프는 마중물 한 바가지 붓고 저어야 물이 콸콸 나온다. 작은 일에서 시작되어 큰일이 성사된다는 의미의 '마중물'이 여기서 유래됐다.

생활환경이 발전하면서 동네에 수도 시설이 들어왔고 우물은 점차 사라졌다. 조그마한 생각이 역사를 바꾸듯, 샘물의 변신은 우리 생활을 크게 바꾸어 놓았다. 집 밖에 있던 수돗물은 집 안 주방으로 들어왔다. 지금 우리는 주방 싱크대에서 틀기만 하면 물이 나오는 세상에 살고 있다. 수돗물 덕분에 우리 어머니들은 물을 퍼 나르는 굴레에서 해방됐다. 급기야 바깥에 냄새나는 뒷간이 수세식 화장실로 바뀌어 실내로 들어왔다. 안방에 새로운 샘터가 생긴 셈이다. 나는 그 어느 것보다 혁신적인 발명품이 '상수도 시설'이라고 생각한다.

TV에서 아프리카 아이들이 물통에 웅덩이 물을 퍼담아 힘겹게 끌고 가는 모습을 봤다. 더러운 흙탕물을 먹는 모습도 그렇지만, 아이들의 지친 얼굴에 비친 암울한 미래가 끔찍했다. 나는 TV를 보다가 주방을 바라보았다. 싱크대 수도꼭지와 정수기가 보였다. 꼭지만 누르면 물이 나오는 세상이 되었다. 우리도 지난날 겪은 처절한 삶을 생각하며, 그들의 생활이 하루빨리 개선되길 기원한다.

샘터가 아련한 추억의 상징인 것 같아도, 얼마 전까지도 나의 퇴근길 한편에 샘터가 있었다. 오래전부터 동네 사람들이 먹던 물이었지만 그때까지 샘터로 남아 있었다. 가끔은 그 속에서 노니는 청개구리 가족을 보기도 했다. 그런데 어느 날, 동네를 개발한다며 불도저가 그 샘터를 밀어버렸다. 동네 사람들의 추억도 샘터와 함께 묻혔다. 개발이라는 거대한 발굽 아래 자그마한 샘터는 그렇게 소리 없이 사라졌다. 누군가는 그 샘터와 청개구리를 지켜야 한다는 목소리를 내야 했다. 그 문제에 다들 비겁했고, 나도 비겁했다.

샘터는 우리의 소소한 일상에만 있는 것이 아니다. 태백에 가면 한강과 낙동강의 발원지가 있다. 한강 발원지 샘터 '검룡소(儉龍沼)'는 서해의 이무기가 한강을 거슬러 이곳에서 몸부림쳤다는 전설이 깃든 곳이다. 높은 산에서 샘이 펑펑 솟는다는 게 신기하기만 하다. 검룡소의 물은 유유히 흘러 대한민국 발전의 대명사 '한강의 기적'을 굽어보고 있다.

또 하나의 샘터는 낙동강의 발원지인 '황지(黃池)' 연못이다. 샘물이 콸콸 솟아 샘터라기보다는 연못에 가깝다. 옛날, 스님이 황부자 집에서 시주도 못 받고 모욕을 당하자, 그의 집을 연못으로 만들었다는 전설이 있다. 황부자가 살던 집터의 연못이라 하여 황지라는 이름이 지어졌다. 그곳에서 발원한 낙동강 물은 전쟁에서 지킨 '자유 대한민국'의 역사를 알고 있다. 한국인이라면 이 두 강의 발원지, 두 개의 샘터를 한 번쯤 가 보고 우리나라의 역사를 느껴 보면 좋겠다.

편리한 세상만 추구하다 보면 마음속 깊이 간직할 수 있는 추억거리를 놓치기 쉽다. 아름다운 샘터가 사라지는 것은 참 아쉽다. 샘터가 사라진 자리에 인공폭포가 들어서기도 하는데, 마치 틀에 찍어낸 조형물 같아 감흥이 별로 없다. 물이 솟는 샘터가 사라지더라도, 우리 가슴속 샘터는 오래 보존되면 좋겠다. 그 샘터에서 솟는 맑은 물이 세상을 밝고 깨끗하게 만들어 주길 소망해 본다.

인생 관문

　살아가면서 여러 상황의 관문을 맞이하게 된다. 그중 사람을 만나는 상견례는 인간관계를 여는 관문이고, 취직 후 처음 하는 업무는 사회에 첫발을 내딛는 관문이다. 그 외 많은 관문이 있고 이를 통과하기란 녹록지 않다. 그중 나에게 가장 기억나는 관문은 결혼 전 예비 장인 장모님을 만나는 일이었다. 결혼 성사를 위해 허점은 보이지 말아야 했다. 첫 만남의 식사에서 성찬을 조심스럽게 먹다 보니, 그 모습이 썩 맘에 안 들 수밖에 없었을 것이다.
　긴장의 시간이 흐르던 중, 문득 밥은 풍성하게 먹어야 모양새가 보기 좋다는 말이 떠올랐다. 그래서 밥을 입에 가득 넣고 씹는 둥, 마는 둥, 얼른 삼키고 한 그릇 더 달라고 했다. 그야말로 반전의 장면을 연출하였다. 장모님은 식사하는 내 모습을 바라보며 미소지었고, '복스럽게 밥 먹는 사위'로 낙점했다. 그렇게 결혼으로 가는 관문을 통과하는 데 성공했다.

기억에 남는 또 하나의 관문 통과가 있다. 70년대 말 공무원 새내기로 임용된 후 첫 반상회 날, 지역 주민들을 처음 대하는 일이었다. 내가 맡은 반상회 담당 지역은 관내에서 가장 멀고, 하늘 아래 첫 동네라는 '가마소' 마을이었다. 새내기를 그런 험지로 배치할 때부터 지난한 과정은 예고되었다. 완행버스로 비포장길을 덜컹거리며 30여 분 걸려 종점에 내렸다.

가마소로 가는 사람은 나를 포함해서 4명이었다. 내 소개를 하자 일행들은 나를 깍듯하게 대했다. 그 시절은 민관이 아닌 '관민' 시절이었다. 입구에서 고개로 넘어가는 길은 초입부터 가파른 언덕길이었다. 그 언덕은 사회생활을 막 접하는 나에게 험난한 관문이라는 생각이 들었다.

나는 일행의 뒤를 따랐고, 그중 한 명은 댓병 소주 6병 궤짝을 멜빵으로 메고 힘겹게 올라갔다. 세 사람은 두런두런 이야기하며 가다가, 정상 아래 중간쯤에서 쉬어가자며 궤짝을 내려놓았다. '멜빵맨'이 댓병 소주 하나를 따더니 허리춤에서 밥공기를 꺼내 나에게 한잔 가득 권했다. 허리춤에서 밥공기가 나온 것도 그렇고, 그걸로 내 주량을 시험하는 것 같아 무척 당황했다. 그 순간 관에서 나온 사람의 위신을 지켜야 한다는 오기가 생겼다. 심호흡을 크게 하고 소주 한 공기를 쭉 들이켰다. 안주로 멸치 한 마리가 배당되었다.

작은 소주잔 한 잔도 몇 번 꺾어 마셔야 하는 내 술 실력인데, 한 공기면 순간 기절 수준이었다. 금방 취기가 확 올랐지만 나는 품위를 유지해야 했다. 그 들은 서너 잔씩 돌려 그 자리에서 됫병 반을 비웠다. '산길을 오르면서 소주를 물 마시듯 하다니….' 입이 떡 벌어졌다.

나는 취기에 숨을 헐떡이며 힘겹게 따라 올라갔다. 정상쯤에서 숨이 목까지 찼는데, 마침 쉬자고 해서 쾌재를 부른 것도 잠시. 내가 헐떡이는 걸 눈치챘는지 이번엔 반 공기를 따랐다. 그놈의 오기… 또 날름 받아 마셨다. 술이 몇 순배 돌아가고, 그 자리에서 아까 그 됫병을 순식간에 비웠다.

멜빵맨은 "이제 좀 가벼워졌네." 하면서 가볍게 길을 재촉했지만, 난 머리가 빙글거리고 다리가 후들거렸다. 다행히 내리막길이라서 헐떡이지 않고 걸을 수 있었다. 내리막 중턱쯤 공터가 보여 또 술판을 벌이지 않을까 노심초사했는데, 다행히 추가 알코올 보충 없이 마을에 들어섰다. 일행과 작별하고 이장댁으로 들어갔다. 저녁 밥상이 들어오고 이장님이 반주로 한잔하자고 했지만, 이번엔 공무수행을 핑계로 정중히 사양하였다.

밥상을 물리고 사랑채로 건너가자, 20여 명의 주민이 모여 있었다. 간단히 소개를 마치고 바로 반상회가 시작되었다. 난 준비해온 자료의 내용을 전달하면서 취기에 실수나 하지 않을까 조마조마했다. 다행히 별다른 일없이 반상회를 마칠 수 있었다.

주민들은 모두 귀가하고, 네댓 명이 남았다. 밖을 나간 이장님은 큰 항아리를 안고 들어왔다. 항아리 속을 들여다보니 색깔도

노란 막걸리가 그득했다. 아마 새내기 공무원의 기를 꺾을 심산인 것 같았다. 막걸리는 기름이 동동 뜬 잘 익은 옥수수 농주였다. 박목월의 시 「나그네」 구절이 떠올랐다. '술 익는 마을마다 타는 저녁노을'이 아니라, '술 익는 마을에서 타는 내 마음'이었다. 이번엔 밥공기가 아니라 국대접이다. 원하든 원치 않든 한 대접씩 돌아갔다.

또 다른 관문이다. 여태 마신 술은 초기화해야 한다. 이걸 마셔야 지도공무원의 체면이 설 것 같았다. 이번엔 오기 아닌 객기가 생겼다. 다들 마시는 속도에 맞춰 나도 단숨에 벌컥벌컥 마셨다. 소주를 밥공기에 마시는 것이 난생처음이었지만, 국대접 농주를 원샷으로 마시기도 처음이었다. '욱' 하는 신음이 나왔지만, 토를 참았다. 안주로 깍두기를 씹으며 바깥바람을 쐰다는 핑계로 나가, 먹은 막걸리를 마당가에 반납했다. 아무렇지 않은 척하고 들어와 자리를 끝까지 지켰다. 그렇게 밤을 보내고, 다음 날 출장 복귀하였다. 그날 밥공기 소주에서 국대접 농주로 이르는 과정은 사회 첫발의 혹독한 시험대였다.

주민들의 평가를 알 수는 없었지만, 난 그날의 통과의례를 큰 무리 없이 수행했다고 생각한다. 술독에 빠져 허우적거리거나 몸과 말의 실수를 보였다면 내 인생에 큰 악재가 되었을 것이다. 그날 내게는 취약한 술과 연관된 일로 힘들었지만, 훗날 여러 인생 난관을 극복하는데 값진 밑거름이 되었다고 생각한다.

인생에 나타나는 여러 가지 과정을 무사히 겪기란 쉽지 않다.

많은 일을 경험으로 터득해야 하고, 남의 지식을 습득하는 것도 중요하다. 그를 바탕으로 난관에 부딪혔을 때, 실타래 풀듯 하나하나 풀어나간다면 아무리 견고한 관문도 열 수 있을 것이다.

(월간 『수필문학』 2023년 11월호.)

오음리 가는 길

한계령을 넘어 인제 원통을 지나고, 양구로 가는 광치령 터널을 넘었다. 이어 구불구불 소양호 호수변 도로를 지나, 추곡터널을 통과하고 도착했다. 그야말로 지나온 길은 도로의 백화점인 셈이었다. 그래서 도착한 곳이 새 근무지 간동면 오음리였다. 영동지방에 주로 근무했으므로 영서지방 근무는 처음이었다. 내가 근무할 곳은 화천군 오음리에 있는 간동우체국이다.

차로 세 시간여 걸려 도착해보니, 오음리에는 우체국 외 농협, 파출소, 초등학교, 슈퍼마켓 2곳, 식당 3곳이 있었다. 인근 유촌리 마을에 면사무소와 중고등학교도 있었다. 나만 몰랐던 '오음리'를 아는 사람이 꽤 있었다. 강원도 전방에서 군 생활을 했던 사람은 간동면은 몰라도 오음리는 대부분 알고 있었다. 내가 그곳에 발령받았다고 하자, 파병 용사였던 우리 매형도 월남 가기 전 훈련받던 곳이라고 했다.

오음리에 훈련소가 들어서게 된 것은 지형상 특이점이 있어서이다. 오음리는 배후령, 파로호, 소양호를 통하지 않으면 인근을 오갈 수 없는 군사적 요충지였다. 지금은 주변에 많은 터널과 다리가 건설되어, 아이러니하게도 오히려 사통팔달의 교통 요충지가 되었다. 면 단위 지역이지만 훈련소가 있던 시절엔, 중학교와 고등학교, 그리고 초등학교 4개교 등 학교만 6곳이 있었다. 토박이분들의 증언으로는 당시 다방이 20여 곳, 식당도 그 이상으로 많았다고 한다. 아직도 중고등학교는 그대로지만, 초등학교는 인구 감소로 1개만 남아 있다.

오음리에 도착했을 때, 무장 군인이 트럭을 타고 이동하는 모습이 보였다. 며칠 전 동해안 지역에 무장공비가 침투하여 토벌 작전으로 이동한다고 했다. 중무장 군인들의 이동을 보면서 전방 지역에 온 것을 실감할 수 있었다.

발령받고 두어 달쯤 지나 겨울이 오자, 영하 20도가 내려가는 강추위가 몰아치기 시작했다. 내가 사는 강릉은 강추위라고 해봐야 영하 10도 아래로 떨어진 적은 없었다. 군시절 경기도 전방지역 근무로 강추위를 겪어 봤기에 추위 적응은 어렵지 않았다.

겨울방학이 되자마자 아내가 아들딸을 데리고 왔다. 마침 더 큰 한파가 닥쳐 영하 24도의 강추위가 몰아쳤다. 그런 추위라면 나들이를 할 수 없는 상황이었지만, 가족들은 낯선 지역의 호기심에 이미 마음이 들떠 있었다. 추위쯤은 아랑곳없이 나가야 했다. 전방지역의 분위기를 보여주어야 하겠기에, 화천의 상징, 화천댐이 있는 파로호로 갔다.

　화천댐은 접근이 금지되어 있어 인근에 있는 파로호 전투 전적비로 갔다. 원래 이름이 대붕호였던 파로호는 한국전쟁 당시 북한군과 중공군 수만 명이 수장된 곳이라고 한다. 이에, 이승만 대통령이 오랑캐(로:虜)를 무찌른(파:破) 호수라는 뜻에서 파로호로 명명하였다. 호수를 가로질러 인근 주민들이 이용하는 배가 지나갔다. 구불구불한 산길은 험하고 멀어, 배로 사람이나 짐을 옮긴다고 한다. 인근에 파로호 전투 전적비도 둘러보았다. 아들딸은 주위를 뛰어다니며 신났지만, 강추위에 겨우 사진 몇 컷을 찍고 발길을 돌렸다.

　돌아오면서 '꺼먹다리' 건너 있는 식당을 들렀다. 꺼먹다리는 화천댐 준공 당시 건설된 나무다리로 검은 골타르를 칠하여 이름 지어졌다. 파로호에서 잡은 향어 매운탕을 얼큰하게 먹고 추운 몸을 달랬다. 일정을 마친 우리는 전방의 강추위를 물리친 개선장군인 양 숙소로 귀환했다. 아들딸은 방학 숙제를 해결했다며 좋아했다.

　그날 저녁부터 추위는 더 강하게 몰아쳤다. 숙소의 보일러를 최대한 올렸는데도 외풍이 심해서인지 방 안에 냉기가 돌았다. 모두 이불을 뒤집어쓰고 밤을 보냈다. 아침에 일어나보니 창문에 성에가 두껍게 끼어 꽁꽁 얼어붙었다. 초등학교 2학년 딸은 추위도 아랑곳하지 않고, 손톱으로 성애를 긁어 글씨를 쓰며 좋아했다. 도시 생활에서는 할 수 없는 색다른 체험이었을 것이다.

겨울이 지나고 따뜻한 봄날, 거리에서 파는 오리 병아리를 20마리 사서 키우게 되었다. 뒷마당 공터에 그물 우리를 만들고 사료를 주며 키웠다. 어느 주말쯤에 집에 갔다가 돌아왔을 때, 오리가 한 마리도 안 보였다. 주변을 찾아보니, 풀숲에 몇 마리가 죽어 있었고, 남은 몇 마리가 옆 개천에 옹기종기 모여 떨고 있었다.

어린 생명을 제대로 돌보지 못한 결과였다. 길고양이나 들 짐승의 습격을 당한 것 같아, 나무상자를 구해 단단히 정비했다. 소 잃고 외양간 고치는 격이지만 수습은 철저히 해야 했다. 오리를 새로운 가족으로 생각하며 정성 들여 잘 키워, 이동할 무렵 직원들에게 분양했다. 오리 키우기는 값진 경험이었고, 키우는 과정에서 생명의 소중함을 절실히 느꼈다.

겨울에 소양호, 파로호에는 빙어를 낚으러 강태공들이 많이 온다. 하지만 여기 직원들은 낚시보다는 해빙기를 기다려 쪽대로 빙어를 잡았다. 빙어는 한겨울 깊은 물에 살다가 봄에 강가로 나온다. 빙어는 고춧가루 다진 양념 찜으로 먹으면 별미다. 보기 힘든 쏘가리, 향어도 맛보았다. 당시는 산천어축제나 빙어 축제를 하기 전이어서, 그렇게 가끔 민물고기 맛을 즐겼다.

주변의 사계절 풍경은 바쁜 삶 속에서도 어김없이 오고 갔다. 봄에 냉이, 곰취, 미나리 등 신선한 나물이 많았다. 여름엔 오이, 참외, 수박을 가을엔 사과, 포도 등 신선한 과일을 먹을 수 있었다. 사계절은 먹거리에만 있는 게 아니다. 논길을 걷다 보면 노랗

게 익는 벼이삭, 지붕에 널은 빨간 고추, 금방이라도 아삭한 김치가 연상되는 신선한 배추 등 몸과 마음이 풍요해지는 풍경이다.

마당 있는 집엔 대부분 꽃밭이 있었다. 채송화, 봉숭아, 분꽃, 해바라기…. 어릴 적 우리집 마당 같은 정겨운 분위기다. 들판에는 개망초꽃, 참나리, 원추리 등 들꽃도 있어 자연과 더불어 사는 멋을 누렸다.

오음리는 뭐니 뭐니 해도 동네 인심이 최고다. 내가 사는 강릉이 친정이라는 어르신은 비닐봉지에 뭐든 싸 들고 오셨다. 오디, 참두릅, 다래 등 계절별로 다양하다. 고향 생각으로 준다지만 내겐 이곳의 인심으로 다가왔다. 알게 된 주민이 산에서 우연히 잡았다며 산토끼 고기도 맛보여 주었다. 너구리, 산돼지 고기도 경험했다. 지금은 보호 동물이지만, 당시는 큰 문제 없이 먹을 수 있어 나에겐 소중한 경험이 되었다.

한번은 건강검진에서 간디스토마 수치가 많이 나와 당황한 적이 있었다. 진단결과 민물고기회를 많이 먹은 탓이라고 했다. 다행히 치료를 잘 받았지만, 호사다마(好事多魔)라고 뭐든 즐기면 탈도 생기는 법이다.

'오음리 살이'는 이후에는 절대 하지 못할 경험을 주었고, 내 어릴 적 좋은 기억을 소환해 주었다. 또한, 삭막한 세태에서 아직도 남아 있는 인심을 느끼게 해 주었다. 그런 일들이 현실을 사는 지금도 내게 좋은 양식이 되고 있다.

길

　책보를 질끈 메고 집을 나서면 이집 저집에서 학교로 가는 아이들이 쏟아져 나온다. 동구 밖을 나올 즈음에는 십여 명이 어울려 조잘거리며 십 리 학굣길을 간다. 학교로 가는 첫길은 동네 초입 징검다리를 건너면서 시작된다. 동네를 벗어나면 송판 두 개를 나란히 놓아 만든 널다리를 건넌다. 장난치며 다리를 건널 때, 둑길 아래 논에서 일하는 동네 아저씨가 얌전히 가라고 일러 준다. 이 시간이면 일꾼이 논에서 소를 앞세워 일하는 풍경이 보인다. 멍에를 지고 쟁기질하는 소를 향해 "음매~" 부르면, 소도 "음매~" 대답한다.

　다음 동네를 지나면서 또 한 무리의 아이들이 합쳐지면, 이십여 명이 모여져 언덕배기를 오른다. 그때쯤, 지게를 진 읍내의 나무꾼들이 콧노래를 흥얼거리며 지나간다. 자주 보는 아저씨들이어서 인사를 하면 머리를 쓰다듬어 주기도 한다. 언덕배기를 지나 내리막 길목에는 돌출 소나무 뿌리가 팔걸이의자처럼 걸쳐 있다. 솔향과 황토 흙내음을 맡으며 잠시 앉아 쉬기만 해도, 금방 피로가 풀리는 안락의자이다. 언덕을 내려와 평평한 길을 지나면 또 다른 언덕길이 나타난다.

그 언덕을 숨 가쁘게 오르면, 초가집 사립문 곁 토끼가 우리 안에서 고개를 내민다. 누가 시키지 않아도 우리는 풀을 뜯어 토끼에게 주고 또 달음박질친다. 토끼 집을 지나면 좀 더 평탄해지는 은빛 모랫길이 나온다. 지난해 홍수로 제방이 터져 강모래가 넘치면서 생긴 길이다. 모랫길이 너무 깨끗하여 아예 신발을 벗어들고 맨발로 뛴다. 모래알의 간지러운 감촉을 발바닥으로 느끼며 천방지축 학굣길을 이어간다.

모랫길이 끝나고 황톳길이 나올 즈음에는 신발을 신은 후, 이젠 천천히 걸어간다. 집을 나선 지 한 시간 정도 지나 학교 뒤 언덕 아래까지 왔기 때문이다. 교문으로 가려면 철조망 쳐진 학교 둘레를 반 바퀴는 돌아야 한다. 이미 헐떡이는 우리는 시간도 더 걸리는 그 길을 갈 리가 없다.

꾀부리며 질러가려면 모험이 필요하다. 정문으로 돌아가기 전에 우리와 맞닥뜨리는 것은 어른 키 한 길이 넘는 절개지 절벽이다. 그곳엔 굵은 아카시아 뿌리 몇 개가 늘어져 있는데, 우리는 그것을 잡고 오르며 곡예사가 된 듯 짜릿함을 느낀다. 이런 짓만으로도 팔뚝이 튼튼해지고 허벅지 근육도 단단해진다. 힘차게 오르면 학교 변소 뒤가 나온다. 그곳은 냄새가 심하여 선생님들도 얼씬하지 않아 우리는 개선장군처럼 의기양양하게 교정을 입장한다. 이렇게 초등학교 시절을 보내며, 학교 가는 길 위에서 체험하는 많은 추억을 가슴속 깊이 갈무리하였다.

문득 수십 년이 지난 요즈음, 지난날 우리의 길은 어떤 모습으로 변했는지 궁금하여 그 길을 찾아 걸어 보기로 했다.

봄이면 복숭아꽃 살구꽃이 만발했던 우리 동네는 저수지 물속에 깊이 잠들어 있다. 그때 살던 70여 가구는 모두 떠나고, 큰 둑이 만들어지면서 마을은 수몰되었다. 널다리가 있던 곳엔 거대한 돌 흙둑이 산처럼 숨 막히게 버티고 있다. 집에서 널다리까지의 길은 사람의 발길을 느끼지도 못하고 무거운 물 무게를 힘겹게 견디고 있다. 졸졸 흐르던 시냇물은 곧바른 직선으로 만들어진 시멘트 수로 안으로 흐른다. 그 물은 운치 없이 줄기찬 속도로 소리만 요란하다. 널다리가 사라지고 다행히 길은 남아 있지만, 은빛 모랫길과 황톳길은 시커먼 아스팔트에 덮여 일어날 기약이 없다. 언덕배기 위의 소나무 뿌리 안락의자는 돌 축대 어둠 속에 파묻혀 제발 꺼내 달라고 팔걸이 손을 당장 내밀 것만 같았다.

언덕 위의 토끼 집이 궁금하여 그 시절처럼 숨 가쁘게 언덕을 올랐다. 초가집이 있던 마당엔 펜션 주택이 들어서 있고, 한편에는 예쁜 토끼 대신 셰퍼드 두 마리가 사나운 눈빛으로 으르렁거리며 길을 험악한 분위기로 만들고 있다. 한참 걷다 보니 우리의 길은 두 동강이 난 채 잘려져 있다. 4차선 도로가 생겨 교차하며 우리의 길을 갈라놓은 것이다. 육교나 지하도, 횡단보도도 없었다. 더구나 중앙분리대로 막혀 잘린 우리의 길을 보고 내 몸이 잘린 듯한 아픔을 느꼈다. 또 줄타기하던 아카시아 뿌리는 시멘트 콘크리트 옹벽 속에 갇혀 거친 숨소리를 내뱉는 듯하였다. 들릴 듯한 거친 숨소리가 내 귓속을 후벼팠다.

지난날 우리의 길을 보고 생각해 보니, 동네에서 학교로 가는 길은 자동차를 타고 포장길을 따라가야만 교문까지 갈 수 있다. 토목기술의 발달로 만들어진 새로운 길은 깔끔할 뿐만 아니라 시간과 공간을 단축한다. 그런 길에서 생동감 넘치는 길의 추억이 만들어질 수 없는 것은 안타깝다. 토목기술의 길은 다양한 추억이 만들어지기엔 옛적의 길에 비견되지 않는다.

그나마 최근 환경에 순응한 바우길, 올레길, 둘레길 등…. 이름마저 정겹고 스토리가 담긴 길들을 각 지자체에서 만들고 있다. 또한, 도로명 주소에 소박하면서도 지역 정서를 품은 길이름이 많이 생긴 것은 참 다행스러운 일이다. 우리 고장 강릉에는 2018년 평창동계올림픽 즈음에 신라시대 설화를 담은 '월화거리길'이 조성되었다. 이 길에는 연화낭자·무월랑의 사랑 이야기와 명주군왕의 탄생설화도 품고 있다. 이제 강릉에 오는 많은 여행객이 KTX역에서 월화정으로 이어지는 월화거리길을 걷게 된다. 더 다행스러운 일은 이 길을 통하여 전통시장인 중앙·성남시장에 활기가 넘쳐나 지역경제 활성화에 적잖은 도움이 되고 있다는 것이다.

이제 길은 서로 다른 장소를 연결하고 이동시간을 단축하는 물리적 역할만 하는 것이 아니다. 정겨운 추억을 만들어 삶을 풍요롭게 하고, 나아가 생활의 질을 윤택하게 하는 것이다.

 그래, 내일은 월화거리길에서 양미리구이 향을 맡으며, 감자부침개도 먹으며, 정겨운 추억을 쌓아 보자. 모레는 바우길을 밟으며 길 속에 담긴 사연을 되새기자. 또, 쏟아지는 햇볕과 피톤치드를 맘껏 받으며, 지친 몸을 달래고 마음도 살찌워 보자.

(2020년 「교산허균문화제 백일장」 금상.)

오색령 예찬

오색령은 한계령과 함께 부르는 명칭으로, 다섯 가지 색 꽃이 피는 나무가 있었다고 하여 이름 지어졌다고 한다. 편의상 고개 전체를 칭할 때는 한계령, 동쪽 양양 방면의 고개를 칭할 때는 오색령이라고 한다. 오색령이 품고 있는 오색약수, 주전골, 미천골, 만경대 등은 너무도 잘 알려진 명소이다. 고개 반대쪽 한계령에는 대승폭포, 소승폭포, 장수대가 유명하다.

서울-양양 고속도로가 개통되면서 한계령은 한적해지리라는 예측이 있었다. 실제로 차량이 뜸한 편이다. 수많은 터널과 직선화된 도로는 순식간에 시간과 거리를 단축하여 다들 고속도로로 다니기 때문이다. 그로 인해 시간 절약의 효과는 있을지는 몰라도, 여유와 아기자기한 풍광을 놓치는 단점이 있다. 그래서 여행을 즐길 줄 아는 사람은 고속도로로 단숨에 동해안을 들러 관광하고, 돌아갈 때는 아날로그 취향으로 천천히 한계령 고갯길을 넘는다.

이처럼 여유로운 여행을 즐기고 싶은 충동을 느끼게 하는 곳이 한계령, 오색령이다. 바쁘고 조급한 마음으로 휙휙 지나가는 도로를 가다가 이런 구불구불 고갯길을 지나면 마음에서부터 온몸이 힐링되는 기분을 느낄 수 있을 것이다. 또한, 계절마다 바뀌는 풍광을 즐길 수 있다.

계절별 오색령은 사나우면서도 부드럽고, 웅장하면서도 소박하고, 온화하면서도 화려하고, 거칠면서도 포근하다. 봄에 보는 오색령은 산벚꽃을 비롯해 이름 모를 꽃들이 초록의 산하를 수놓는다. 무릉도원이 이와 같은 풍경이 아니었을까? 화려하게 피는 전국 벚꽃길의 벚꽃과 달리 산속에서 소박하고 은은하게 피는 산벚꽃을 멀리서 보는 멋은 또 다른 호사이다.

여름에는 초록의 산하에 줄기차게 흘러가는 계곡 물줄기와 계곡 사이를 가르는 바람이 시원스러운 분위기를 만들어, 찾는 사람들을 즐겁게 한다. 한여름에 에어컨 바람과 같은 계곡의 공기를 쐬며 주전골, 미천골을 걸어 만경대에 이르러 보라! 도심의 아파트 안에서 켜는 에어컨이 아무리 시원하다 해도 이에 비견할 수 있으랴.

가을은 전국에서도 손꼽히는 단풍관광의 명소 이름 그대로 오색의 단풍이 온 산하를 뒤덮어 찾는 이로 하여금 황홀경에 빠지게 한다. 몇 년 전 개방한 만경대에 오르면, 신선의 경지에 들어가는 느낌을 받는다. 이때는 형형색색의 등산복을 입은 수많은 사람과 주차한 차량으로 도심의 거리를 연상케 한다.

겨울 눈 덮인 오색령 고갯길 가의 상고대는 인간의 경지에서는 볼 수 없는 풍경을 선사한다. 눈 또는 얼음으로 하얗게 감싼 나뭇가지들은 신의 손이 아니면 만들 수 없는 고귀한 예술 작품이다.

양양에 근무할 때, 오색령 상고대가 유명하다기에 눈 오는 날 짬 내어 고개를 올랐다. 스노타이어를 장착한 차였지만, 완전한 안전을 위해 체인을 추가로 장착했다. 이런 수고를 마다하지 않아야 신이 만든 고귀한 작품을 감상할 수 있다. 이는 오색령이 인간에게 주는 축복이다.

오색령 정상에서 바라보는 경치들은 다양하다. 우선 멀리 넓게 보이는 동해 바다는 우리의 마음을 확 트이게 하고, 미래의 꿈이 꿈틀거릴 정도의 힘을 간직한 웅장함과 경건함이 깔려있다. 시야를 조금 좁히면 좌우로 웅장한 기암괴석의 바위들이 우리로 하여금 굳센 의지와 각오를 다짐하게 한다. 더 시야를 좁히면 구불구불한 뱀길 같은 도로들이 보인다. 뱀길은 내 눈을 통과하여 내 마음으로 스며드는 것 같은 묘한 스릴을 느끼게 한다.

이쯤 해서 정상에 있는 휴게소에 들르게 된다. 정상에서 마시는 커피는 그 어느 곳의 맛보다 색다르다. 그 커피 한잔을 시작으로 지금부터 하는 모든 일이 잘될 것만 같은 강한 충동을 느낀다. 커피란 음료는 입으로 마시지만, 목을 통하여 온몸의 나쁜 기운을 잡아 주면서 마음을 평안하게 한다. 오색령, 한계령 정상에서 마시는 커피는 이런 기분을 백배 천배 더한다. 언제라도 좋다. 자~ 이제 오색령을 오르며 한계령으로 가 보자.

(『강원도민일보』) 2019. 1. 3)

버스정류장에 가 보자

　주문진 향호 해변에 가면 'BTS버스정류장'이라는 특이한 이름의 버스정류장이 있다. 그곳은 이미 SNS를 통하여 젊은 층에 많이 알려져 있다. 난 그런 층과 세대 차이가 있지만 궁금하기도 하고, 거기 가면 좀 젊어지지 않을까 하는 쓸데없는 기대감도 있어서 찾아가 보기로 했다. 향호해변 부근까지 가서 세 군데의 정류장 표지판을 유심히 살펴보았으나, 'BTS버스정류장'은 안 보였다. 결국 휴대폰에 있는 지도를 검색하고 나서야 찾아갈 수 있었다. 불과 100m 옆에 있는 곳을 못 찾다니…. 하지만, 더 가까이 있어도 찾지 못했을 것이다. 평소 다니던 곳인데도 전혀 생각하지 못한 곳에 있었기 때문이다.
　버스가 늘 다니는 정상적인 노선에 있는 버스정류장인 줄로만 알았는데, 그 정류장은 인적이 드문 바닷가 도로에 생뚱맞게 서 있었다. 정류장 곁의 길은 버스가 지나지도 않고 주변에 민가도 없는 곳이었다. 그렇지만 푸른 바다 경치와 너무도 잘 어울렸고 바라만 보아도 가슴이 확 트였다. 이미 여러 명의 젊은 사람들이 모여 사진을 찍기도 하고, 삼삼오오 벤치에 앉아서 바다를 바라보며 즐겁게 이야기하고 있었다. 도로는 일방통행이었고 갓길엔 차단봉이 있어 주차할 수도 없었다. 많은 방문객의 무분별한 주차로 주변이 혼잡해졌기 때문일 것이다. 아예 한참 돌아 먼 곳에 주차하고 걸어서 다시 가야 했다.

안내판을 보고 나서야, 그곳은 세계적인 K-pop 가수 방탄소년단(BTS)의 뮤직비디오 「봄날」을 찍기 위해 만든 세트장이라는 것을 알았다. 그러니 버스가 올 리도 갈 리도 없는 정류장인 셈이다. 결과적으로 그 정류장은 세워진 후 BTS의 노래가 히트하면서 알려졌고, 사시사철 팬들이 찾는 명소가 된 것이다. 어쨌든 이런 유명한 버스정류장이 우리 고장에 있다는 사실에 가슴이 뿌듯했다. 버스가 다니지도 않는데 사람들이 북적거리는 정류장은 세상에 여기밖에 없을 것이다.

이런 색다른 정류장을 경험하다가 또 하나의 세상에 하나밖에 없는 정류장이 생각났다. 몇 년 전 지인들과 태백에 있는 '바람의 언덕'을 간 적이 있다. 그곳은 해발 1200m로 고랭지 배추밭의 풍광이 좋고, 안개와 구름이 자주 끼어 변화무쌍 경치를 볼 수 있는 곳이다. 우리는 신비로운 풍경을 찍으며 재미나게 걷고 나서, 오던 길로 다시 접어들어 귀갓길을 재촉했다.

그런데 정신없이 얘기하다 길을 잘못 들어 다시 차를 돌려야 했다. 어느 정도 되돌아가서 네비게이션을 보며 주변 안내판도 둘러보다가, 문득 건너편에 있는 버스정류장을 보게 되었다. 가까이 가서 정류장 표시 글을 보자 '권춘섭집앞정류장'이라는 글귀가 보였다. 대개 '○○마을', '○○관공서앞' 등으로 명칭을 정하는데, 일반인의 실명을 붙인 버스정류장 명칭은 처음 보았다. 마침 길을 가던 마을 어르신께 다음과 같은 사연을 듣게 되었다.

20여 년 전 권상철이라는 사람이 아내와 함께 개울 건너편에 살았다. 세월이 지나면서 아내는 지병이 생겨 거리가 먼 시내 병원에 주기적으로 다니는 처지가 되었다. 농사일로 바쁜 권 씨는 병원에 함께 갈 수 없었고, 아내는 매번 혼자 버스를 타고 다녀야 했다. 동네 버스정류장은 집과는 거리가 있었다. 권 씨는 병원 갔다가 힘들게 걸어서 귀가하는 아내를 늘 안쓰럽게 여겼다. 보다 못한 권 씨는 시청을 찾아가 자초지종을 설명하고, 환자인 아내가 편하게 다닐 수 있는 정류장을 자신의 집 부근에 설치해 달라고 했다. 정류장 설치 기준에 맞지 않아 시청에서는 불가능하다는 의사 표시를 하였다.

그래도 권 씨는 몇 차례 더 요청했고, 마침내 시청의 배려로 바로 집 앞에 버스정류장을 설치하기에 이르렀다. 그 과정에서 시청은 버스정류장 명칭을 정하기가 난감하였다. 권 씨 집 말고는 특정할 만한 건물이나 명칭이 없었기 때문이었다. 고심 끝에 관계자들의 의견을 모아 '권상철집앞정류장'으로 정했다. 이후 부부는 하늘나라로 떠났고, 버스정류장 명칭은 그 집에 살게 된 아들의 이름으로 바뀌어 '권춘섭집앞정류장'으로 대를 잇게 되었다.

우리는 어르신의 이야기를 듣고 정류장 표시 글을 다시 쳐다보았다. 거기에는 권 씨 부부의 애틋한 사랑이 피어오르는 듯했다. 또한, 불가한 규정을 이유로 민원을 거절할 수도 있었지만, 어렵사리 버스정류장을 설치해준 시청 사람들의 훈훈한 인정도 묻어있는 듯했다. 최근, 규정에 얽매여 몸을 사리는 공직 풍토에 비하면 격세지감이 있고 신선감도 있다. 아내에게 버스정류장을 선물하고 그것을 자식에게 대물림하게 하다니…. 이 얼마나 훈훈한 세상살이 이야기인가? 이렇게 하여 사연이 담긴 정류장을 만들어 전설 같은 이야기를 먼 훗날 사람들 입에 회자하게 한 것이다. 길을 잘못 들었지만, 오히려 애틋한 이야기가 담긴 세상에 하나밖에 없는 버스정류장을 알게 된 것은 뜻밖의 소득이었다.

이미 세워져 있는 정류장에서도 많은 사연이 생기지만, '권춘섭집앞정류장'은 애틋한 사연의 바탕 위에 세워졌다. 또한, BTS 버스정류장은 음악홍보의 목적으로 만든 후 그 음악이 히트하면서 함께 유명세를 탔다. 의도가 어떻든 정류장은 그곳에서 기다리고, 만나고, 떠나는 사람들의 많은 이야기를 품고 있다. 사람들의 발길이 닿는 곳이기에 다양한 사연이 생기지 않을 수가 없다.

아직도 버스를 타는 사람이 많지만, 대부분 사람은 자가운전으로 정류장을 스쳐 지나기만 한다. 자, 가끔은 운전대를 놓고 버스를 타기로 하자. 정류장에서, 버스 안에서, 다양한 사람을 만나게 되고, 알게 모르게 생기는 많은 이야기가 선물로 다가올 것이다.

(2021년 「초허 김동명 전국백일장」 입상.)

4

내 안의 파노라마

유일한 유산

내가 사는 아파트가 29년이나 되어, 대출을 안고라도 새집으로 가냐 마냐 하는 고민을 하게 되었다. 아내와 상고의 끝에 리모델링 하여 그냥 살기로 했다. 곳곳에 배어 있는 우리 가족의 흔적, 가치와 함께 하고 싶어서다. 공사 전 오래된 짐을 정리해야 하는데, 내겐 남기는 것보다는 버릴 것에 더 관심이 갔다. 아무도 알아주지 않는 보물이 숨어 있을지도 모르기 때문이다.

마침내 관심 물건 하나를 찾았다. 쌀이나 곡물의 양을 잴 때 쓰는 전통 계량 도구인 말(斗)이다. 말은 예로부터 사용해 오던 계량 도구로, 일반적으로 쌀은 16kg, 액체류는 18ℓ 정도가 한 말이다. 말은 불과 십수 년 전까지만 해도 싸전에서 쌀을 계량할 때 사용했다. 지금은 포대로 팔지만, 그땐 싸전에서 쌀을 산더미처럼 쌓아 놓고 한 말, 두 말…. 계량해서 팔았다.

싸전의 주인은 쌀을 한 말 가득 담고, 덤으로 수북이 더 담아

주기도 했지만, 어떤 주인은 불룩한 막대로 깎아 덜 채우는 꼼수를 부리기도 했다. 말의 아래 단위가 '되', 또는 '됫박'인데 열 되를 채우면 한 말이 된다. '되로 주고 말로 받는다'는 속담은 좋은 일을 하고 은혜를 몇 배로 돌려받는다는 의미지만, 조그만 잘못으로 큰 화를 입는다는 부정적인 뜻도 있다. 그래서 말은 계량 도구로 쓰지만 사람 됨됨이를 비유할 때도 쓰인다. 도량(度量)이란 단어에 해당하는 말이다.

내가 찾은 말은 우리 가족과 동고동락했던 우리집의 유일한 유산이다. 말 외에 유산이 하나는 더 있었다. 문중에서 가산 정리로 배분한 돈으로 구입한 우리집 최초 냉장고이다. 잘나가는 문중들은 억대 배분금도 받는다는데, 우린 작은 냉장고 하나를 받고 뿌듯했다. 그 냉장고는 얼마 후 교체되었지만, 말은 아직도 남아 있는 것이다.

말을 거실 탁자 위에 놓고 바라보자 말에 얽힌 사연들이 생생하게 떠올랐다. 이 말의 역사는 나 어릴 적 살던 고향에서부터 시작된다. 당시 우리집에 말은 없었고 자그마한 됫박 정도가 있었다. 많은 쌀을 계량할 일이 별로 없을 정도로 하루 끼니가 절박한 시절이었다.

그 옛날, 작은 규모의 농사지만 곡식 탈곡 후에는 말이 필요했고, 그럴 땐 이웃에서 빌려와야 했다. 말을 빌리는 역할은 남매 중 제일 맏이인 누나가 으레 맡았다. 추수기에는 어느 집이든 말이 필요한 때라서 몇 집을 돌아다녀야 겨우 빌릴 수 있었다.

어린 체구에 버거운 말을 빌려온 누나는 그때마다 힘들어했다. 이런 상황을 보다 못한 어머니는 마침내 있는 돈을 박박 긁어모아 말을 장만했던 것이다.

우리집에 온 말은 곡물을 풍족하게 잴 일은 없었지만, 소소한 행복을 누리며 살았다. 어머니는 말로 계량할 만한 곡식이 있는 듯한 포만감을 가졌다. 그래서 참기름을 바르고, 닦고 늘 곁에 두고 애지중지했다. 그땐 반짝반짝 윤기가 났던 것으로 기억하는데, 창고 깊숙한 곳에서 꺼냈을 때는 핏기 잃은 생물체처럼 거무튀튀했다. 우리의 가엾은 말은 소중하다 하더라도 초췌하여 무상한 세월을 실감하게 했다.

사실, 말의 전체 균형은 뒤틀려져 있고 그을린 흔적까지 있다. 이런 모양은 아파트로 이사 오기 전, 허름한 집에 살 때 화재를 만나 생긴 것이다. 불이 나자 아버지는 족보를, 어머니는 말을 제일 먼저 마당에 내던졌다. 나무판자를 철제 띠로 결속한 말은 일그러졌지만 간단한 수리로 복원되었다. 불에 그을린 흔적도 그때 생긴 것이다. 우리집이 여섯 차례 이사하면서 말은 특별대우를 받았고, 결국 불구덩이 속에서도 살아남은 것이다. 말이 유일한 유산인 것은 화재로 모두 잃고 말만 남았기 때문이다.

아파트까지 따라온 말은 특별히 할 일이 없었다. 농사를 짓지 않을뿐더러 쌀은 포대 단위로 사면 되었고, 딱히 말로 계량할 일은 없었다. 어머니가 큰맘 먹고 장만하고, 화재에서도 극적으로 살아남았지만, 말은 창고 제일 구석으로 밀리는 퇴물 신세가 된 것이다.

　퇴출된 말 속에는 하찮은 물건들로 채워졌다. 어쩌다 창고에 가 보면 주방에서 밀려나 버리지도 못하고, 사용하지도 않아 애물단지가 된 뚝배기와 퇴물 프라이팬 따위가 들어 있었다. '고물 수거함'으로 전락한 말을 흘깃 보면서 애처로운 생각이 들었지만 뾰족한 방도를 찾지는 못했다.

　요즘은 클릭 한 번으로 뭐든 세상에 드러나는데, 우리의 말은 29년 동안 어둠에 은거 된 채 있었던 것이다. 먼지를 털고 물수건으로 깨끗이 닦아도 보았지만 낯설기만 하다. 가치는 제쳐두더라도 달항아리 정도라면 깔끔한 거실 분위기에 어울릴 수도 있겠다. 누가 어떻게 생각하든, 그을음과 기름때 묻은 이 말 속에 우리집의 역사가 뒤틀림 없이 담겨 있는 건 분명하다.

　말도 파릇하게 태어나서 세상과 어울려 역할을 다 하고자 했을 것이다. 어쩌면 우리집에 와서 역할을 제대로 못 하고, 천대만 받은 건 아닌지 안쓰럽기만 하다. 그을리고 상처투성인 말을 보며, 우리 부모세대가 겪은 쓰라린 세월을 함께 했다고 생각하니 숙연해진다.

　살던 집 리모델링 하면서 많은 물건이 폐기물로 반출되는 가운데, 이 보물이 내 눈에 띈 것은 천만다행이었다. 거실의 중요한 자리는 차지하지 못해도 빛이라도 있는 곳에 두고 고달프기만 했던 여정을 위로하고자 한다.

　우리는 조금만 불편하고 싫증 나면 쓰던 물건을 바꾼다. 이전 것은 미련 없이 버리는 것도 모자라 여태 함께했던 가치는 쉬 잊는다. 버리고 난 다음에 찾고 아쉬워한들 돌이킬 수 없다. 새 것이나 편리함에만 연연하지 말고 그 속이 품고 있는 가치를 먼저 생각해 보자. 내면 깊은 곳에 살아 꿈틀거리는 확실한 뭔가가 보일 것이다.

(『월간 수필문학』 2023년 3월호.)

내 안의 파노라마

우리집엔 V자 갈고리 모양의 할아버지 유품 하나가 있다. 회양목 가지로 만든 이 유품은 할아버지가 돌아가신 이후 줄곧 보관해왔다. 그리고 많은 세월이 지난 올봄, 책상을 정리하다가 그 유품을 다시 보게 되었고 거기에 담겼을 흔적을 더듬어 보았다. 아련한 기억 속에 할아버지가 그 갈고리를 문고리에 걸고 노끈을 꼬는 모습이 떠올랐다. 할아버지의 유품은 달랑 이것밖에 없었을까?

사실 여러 번 이사하면서 생업에 필요한 물건만 챙겼을 것이기 때문에 할아버지의 유품은 딱히 남아 있지는 않았을 것이다. 어린 시절 할아버지와의 추억도 있기에, 나는 유품을 더 찾아야겠다는 생각에 이르렀다. 지금의 집에서는 더 찾을 것이 없어 내가 어린 시절, 할아버지와 함께 살던 집터에 가서 뭔가를 더 찾기로 마음먹었다.

그래서 나는 그 갈고리를 품고, 어린 시절 추억이 담긴 고향 땅을 찾아갔다. 하지만 집터로 가는 길은 새로 생긴 저수지 둑으로 막혀 차로는 더 갈 수가 없었다. 할 수 없이 둑 아래 차를 세워 놓고 저수지 둘레를 따라서 새로 닦은 길을 따라 상류까지 걸어 올라갔다.

그 길은 예전에 없던 길이다. 그때는 실개천이 있었고 개천 둑을 따라 다녔다. 저수지가 생기면서 구불구불한 새길이 생겼다. 걸어서 저수지 막바지 쪽까지 가서 다시 언덕 위로 올랐다. 다시 언덕 위에서 능선을 따라 살던 집터 쪽으로 내려오면서 어릴 적 기억을 떠올렸다.

그 시절, 나무꾼들이 수도 없이 넘나들어 반질반질했던 능선길은 잡목이 빽빽하여 나아가기조차 힘들었다. 어린 시절의 나와 또래 친구들은 참꽃을 뜯어 먹기도 하고, 청미래덩굴을 꺾어 흔들기도 하면서 장난치며 다니던 길이었다. 털 수염풀 머리를 땋아주기도 하고, 새콤한 개복숭아도 따 먹고 조잘거리며 뛰어다니던 그 길이었다. 그렇게 놀다가 지루하면, 새집을 털다 어미 새에게 머리를 쪼여 혼난 적도 있었다.

집터 가장자리 큰 바위 밑 샘 우물가는 동네 엄마들이 수다 떨며 피곤한 삶을 녹이던 곳이었다. 엄마는 그 샘에서 하루에도 몇 동이의 물을 길어 머리에 이고 날랐다. 참으로 힘겨운 일이었지만 그 당시는 그냥 일상사였다. 뒤뜰 장독대엔 고추장, 된장, 막장, 간장독들이 옹기종기 모여 있었다. 그렇게 살던 곳이었지만 집터에 나무들이 꽉 차서, 그 어떤 물건도 흔적조차 찾기 어려웠다. 그래도 나는 잡목을 헤집고 집터 가운데에 들어가 섰다. 그리고 또 어릴 적 풍경들을 기억의 틈에서 꺼내 눈앞에 펼쳐보았다. 내가 펼친 풍경은 시간과 공간을 뛰어넘은 파노라마로 나타났다.

부엌을 중심으로 오른쪽에 외양간, 왼쪽으로 구들방, 상방, 사랑방이 차례로 보인다. 돗자리가 깔린 안방 격인 구들방은 부엌과 통하는 작은 미닫이문이 있고, 쌀·고구마 가마니가 쌓여 있는 상방은 아버지가 농사일을 마친 후 고단한 몸을 뉘면서 쉬고 있고, 부엌에는 엄마가 부지깽이를 들고 아궁이에 불을 지피며 날 보고 환하게 웃고 있어 가슴이 뭉클하다.

부엌과 벽 없이 트인 외양간에는 어미 소가 큰 눈알을 굴리며 구유에 입을 박고 있고, 송아지는 입으로 어미젖을 쿡쿡 찌른다. 구수한 여물 향이 코끝에 맴돈다.

이제 부엌에서 가장 먼 곳인 사랑방은 할아버지의 방이다. 방에는 껍질을 벗긴 닥나무가 놓여 있고, 할아버지는 문고리에 바로 그 갈고리를 걸고 닥나무껍질을 꼬고 있다. 닥나무껍질은 겉껍질을 벗긴 후 남은 하얀 속껍질이다. 나는 할아버지의 행동을 유심히 관찰한다. 손이 건조한 할아버지는 손가락에 침을 퉤퉤 뱉으며 마른 닥나무껍질을 축여가며 노끈을 꼬고 있다. 한참을 꼬고 나서 나무토막 목침을 베고 잠시 눈을 붙인다. 곤한 잠으로 피곤한 순간을 재우며 달콤한 휴식을 취한다.

다시 일어나 방 한편에 놓인 자리틀 앞에 앉아 왕골로 돗자리를 매기 시작한다. "달그락~ 달그락~" 자릿돌 넘기는 소리가 귓가에 젖어 들면서 왕골 돗자리가 차츰 완성되어 간다. 나는 바닥에 남아 있는 색색의 자릿돌을 구슬처럼 굴리며 장난친다. 자릿돌 두 개가 "짱~"하고 부딪치는 순간, "아, 자릿돌~!, 그 많던 자릿돌은 전부 어디에 있을까?"

정신이 든 나는 잡목 사이를 비집고 손으로, 발로 흙을 헤치며 자릿돌을 찾기 시작했다. 여기서 하나. 저기서 둘. 또 셋. 그리고 넷. 할아버지가 자리를 매던 바로 그곳에서 놀랍게도 자릿돌을 네 개나 찾았다. 50년이나 쌓였을 흙을 털어 낸 후, 옷 여기저기 주머니에 가득 넣었다. 집에 돌아온 후, 솔로 정성스레 털고 물로 씻어서 노끈 갈고리와 함께 장식장에 올려놓았다. 이제 할아버지의 유품은 총 다섯 개로 늘어나, 값진 유산을 받은 것처럼 마음이 풍족해졌다.

그날 밤 나는 누워서 천정을 보며 곰곰이 생각해 보았다. 할아버지 손때가 묻은 그 갈고리가 타임머신이라는 생각이 들었다. 자릿돌 네 개를 찾은 것은 갈고리라는 타임머신을 타고 어린 시절로 거슬러 갔기 때문이다. 내가 어릴 적 살던 고향 땅에 내려 할아버지를 만났고, 할아버지가 준 자릿돌 네 개를 받아 온 것이라는 생각이 들었다.

영화 또는 소설에서나 접할 수 있는 타임머신을 탈 수 있다는 생각을 한 적은 없다. 하지만 추억하고 싶은 곳에서 시간을 거슬러, 그 시절의 기억에 머무를 수는 있을 것이라는 생각을 해본다. 그곳에서 기억을 되살려 내 안에 잠재되어 있던 추억을 끄집어낼 수 있다. 그러면 마치 타임머신을 타고 간 것처럼 과거 그곳에서 행동했던 상황이 파노라마로 펼쳐질 것이다. 또한, 색다른 추억도 만들어져 미래의 삶이 한결 풍요로워질 것이다.

유년의 뜰

　초등학교 2학년이 끝나는 늦은 겨울날, 우리 가족은 소달구지에 짐을 꾸려 싣고 읍내로 이사를 하게 되었다. 정든 고향을 떠나던 날은 봄을 재촉하듯 진눈깨비가 추적추적 내렸다. 질퍽거리는 길로 이삿짐 달구지를 따라가던 그 날, 하늘에는 요란한 소리를 내며 쌕쌕이(제트 전투기)들이 우리가 가는 이사행렬의 반대쪽 하늘을 날아가는 모습이 내내 보였다. 아버지는 우리가 살던 고향의 서쪽 큰 산 너머에서 대규모 군사훈련을 하는 것 같다고 했다.
　나는 어릴 적부터 서쪽 큰 산 너머에는 넓은 다른 세상이 있는 것으로 알고 자랐다. 그쪽 세상으로 넘어가는 산은 너무나도 높은 데다가 큰 바위가 버티고 있어서 어린 나는 거기에 갈 엄두도 못 냈다. 가 보고는 싶지만 바쁜 아버지를 졸라 데려달라고 할 수도 없었다. 결국, 고향을 떠나는 바람에 마음속에만 간직하는 곳이 되어버렸다. 그냥 말로만 들어야 했던 미지의 세계로 남았다.

어른들은 그곳을 '소푸개울'이라고 불렀다. 그곳 푸른 뜰에 자라는 복숭아나무 아래 소와 염소들이 한가롭게 풀을 뜯고 있다고 막연히 상상하였다. 또, 맑은 시냇물엔 버들치와 가재가 있는 깨끗한 동네라는 믿음을 줄곧 갖고 있었다. 그곳은 유년 시절부터 나에게 이상향이자 '상상의 뜰'이 되었다. 이사하는 날 훈련하는 쌕쌕이가 나의 뜰을 폭격하여 망가뜨리면 어쩌나 하는 걱정에 내내 마음 졸였다.

그때로부터 50여 년이 지난 어느 봄날, 오랜만에 고향을 찾았다. 유년 시절 함께 학교 다니던 친구를 찾아가는 길이었는데, 마침 복숭아 축제가 열리는 마을을 지나가게 되었다. 같은 읍내인 그 마을은 내 고향과는 반대쪽으로 십여 리 떨어진 곳으로, 예로부터 복숭아가 많이 나는 곳이었다.

선홍빛 복숭아꽃이 만발한 길을 운전하고 가던 중, '소푸개울'이라는 간판을 보고 깜짝 놀랐다. 내가 기억하고 있던 상상의 뜰인 소푸개울이 퍼뜩 생각났기 때문이었다. 내 고향 마을은 아니지만 같은 읍내에 있어서 호기심에 간판을 따라 동네를 들어가 보았다.

골짜기 입구를 조금 지나서 있는 체험농장에서 아이들이 재잘거리며 평화롭게 체험학습을 하고 있었다. 푸른 잔디가 깔린 전원주택들을 지나며 골짜기 길을 따라 한참 들어갈 수 있었다. 길이 좁아지면서 더는 들어갈 수 없어 차를 세워두고 걸어서 깊숙이 더 들어가 보았다.

좁은 계곡 사이로 실개천 여울이 반짝반짝 눈이 부시며, 맞은편 산에 뻐꾸기 우는 소리가 메아리 되어 귓가를 맴돌았다. 냇물 가 버드나무에선 파릇한 새잎이 움트고 산등성이에는 진달래, 철쭉꽃이 자태를 뽐냈다. 집이 허물어진 아담한 터 복숭아나무엔 벌 나비들이 꽃과 함께 춤추며 낯선 방문객을 반겼다. 더 깊은 골짜기에는 채 녹지 않은 얼음장 아래로 계곡물의 노랫소리가 들렸다.

얼음 아래 돌을 들추니 놀랍게도 일급수에만 산다는 가재가 잠에서 막 깬 듯 꿈틀거렸다. 민가가 없는 그곳은 물소리 새소리 외에 어떤 소음도 없었고 냇물은 바로 마셔도 좋을 정도로 깨끗했다. 실제로 어린 시절 산속 계곡물을 먹듯 청미래덩굴 잎을 오므려서 물을 담아 목을 축여 보았다. 이가 시릴 정도로 차갑지만 달달하고 신선한 맛이었다.

골짜기 길은 나무가 우거져서 더 들어갈 수 없어서 잠시 멈춰 산 위를 쳐다보았다. 순간 나는 깜짝 놀라 눈을 의심하지 않을 수 없었다. 산등성이 꼭대기에 어릴 적 고향에서 보았던 서쪽 높은 산의 큰 바윗돌이 보였기 때문이었다. 오매불망 가 보고 싶었던 서쪽 큰 산 너머 미지의 세상 '소푸개울'이 바로 이곳이었다.

나는 잃어버릴 뻔했던 뜰을 찾아서 기뻤다. 또한, 이사하던 날 한 군사훈련으로 망가지지 않은 상태로 눈앞에 나타났다는데 안도했다. 하지만 갑자기 아쉬움이 밀려들었다. 어릴 적 동경하던 상상의 뜰이 극적인 효과 없이 우연찮게 현실로 나타난 것에 대한 허무함이 엄습해왔다.

내가 찾은 뜰에는 넓은 초원은 없었지만, 체험농장에 아이들과 소와 염소가 있었다. 골짜기엔 맑은 시냇물과 만발한 복숭아꽃, 가재도 있었다. 그 후 여러 자료를 찾아본 결과, 내가 고향 서쪽 산 아래편에 '소푸개울'이라는 작은 개천이 있음을 확인했다. 오랜 세월 동안 내가 동경하던 뜰을 찾은 것이 너무 다행스러웠고 인생에 한 가지 수수께끼를 풀었다는 생각이 들었다.

소푸개울은 상상의 뜰이자 나의 이상향이었다. 유년 시절 동경하던 뜰을 찾게 되면서 문득 지금까지 살아온 과정을 생각해 보았다. 어릴 적부터 가슴에 품었던 상상의 세상을 어느 시점부터 까마득하게 잊고 살아왔다. 나는 많은 세월 동안 내가 바라는 이상향을 찾으려고 노력했을까?

어린 시절 높다고 생각하던 산을 힘겹게 넘어 그쪽 세상을 진즉에 발견했다면? 그 세상을 보고 나서 새로운 도전을 만들고, 또 다른 바람을 실현하고자 노력했다면 나의 인생이 지금보다 더 가치 있는 인생이 되지 않았을까? 찾아서 나의 '유년의 뜰'로 만들 수 있었는데도, 노력을 게을리해 못 찾은 나 자신이 부끄럽고 많은 아쉬움이 남는다.

소푸개울은 지금도 순수한 자연 골짜기로 남아 있고 체험농장도 있다. 나의 유년 시절 상상의 뜰이었던 이곳, 이제는 여기 체험농장에서 학습하는 어린 세대들에게 오래도록 기억되는 '유년의 뜰'이 되어주길 소망한다.

(2021년 「전국박인환백일장」 입상.)

라면 이야기

 우리나라에 라면이 1960년도 초에 처음 생산되었다지만, 내가 라면을 처음 먹었던 기억은 중학교 때인 1970년쯤이다. 쌀이 부족하여 국수로 한 끼를 해결했던 시절, 어느 날 엄마가 라면을 끓여 주었다. 국수와 달리 입맛을 당기는 색다른 맛이었지만, 구하기가 쉽지 않아 먹을 기회가 그리 많지 않았다.
 라면의 원 고장은 일본이다. 일본에서는 '라멘(ラーメン)'이라 하는데, 우리 라면과는 맛도 다르고 면발도 좀 다르다. 일본 오사카 여행 때, 도톤보리 인근에 있는 라멘 맛집을 찾아 맛본 적이 있다. 하지만 '라면' 맛에 익숙하여 '라멘'이 입맛에 맞을 리가 없었다. 마치 온갖 양념으로 버무린 비빔 막국수를 먹다가, 육수 맛 위주의 담백한 춘천 막국수 먹을 때의 맛이랄까.
 그런데 기가 막힌 반전이 아닌가? 라면의 본고장을 누르고 우리나라 라면이 세계시장을 석권하고 있다니! 한국전쟁 이후, 쌀

부족으로 식량난 해소를 위해 분식이 장려되었고, 그 과정에서 라면이 생산되었다. 주식 대용으로 먹었던 라면이 이젠 주식과 간식을 넘나드는 국민 메뉴가 되었다.

언제부터인가 여러 종류의 술안주 찌개를 먹은 후, 마무리 식사 대용으로 국물에 라면을 넣어 먹는 풍습이 정착되었다. '선주후면(先酒後麵)', 한국인의 식습관에 딱 맞는 훌륭한 사자성어의 글자 조합이다. 영양학적인 문제까지는 몰라도 끼니를 거르지 않아 건강에도 딱 맞는 말인 것 같다. 술을 마신 후, 국물과 면을 후룩후룩 들이켜면서 식사까지 해결한다. 고기 종류의 단백질 안주를 섭취한 후, 탄수화물을 섭취하여 영양 균형을 맞춘다는 게 절묘하다.

라면을 얘기한다면 컵라면을 빼놓을 수 없다. 간편하게 조리하여 '빨리빨리' 먹는 것을 좋아하는 한국인에게 컵라면이 제격이다. 겨울 등산할 때 컵라면은 필수품이다. 뜨거운 물만 있으면 요란한 장비와 재료 없이도 속 따습게 한 끼 배를 채운다. 엄동설한에 뜨거운 국물까지 들이켤 수 있으니, 여독은 저절로 풀어진다. 알프스 융프라우에서 한국 컵라면을 먹어야 그 기분에 정점을 찍는다고 한다.

이제는 세계 어딜 가도 한국 라면이 있지만, 해외여행 갈 때, 라면 몇 봉지나 컵라면 몇 개를 챙겨 가는 한국인은 못 말리는 라면사랑 민족이다.

나에게 군시절 라면의 진한 기억도 있다. 지금도 국민 식단이지만 그때도 인기가 있어, 일요일이면 아침 식단에 라면이 나왔다. 하지만 훈련소 때부터 익히 알던 비호감 메뉴라 썩 달갑지 않았다. 벌크라면1)을 스팀으로 찐 후, 따로 끓인 스프 국물을 부어 조리하는데, 라면의 제맛이 있을 턱이 없었다.

자고로 팔팔 끓는 냄비에 라면과 스프를 넣은 후, 불을 낮추고 『알맞게』 끓인 후 먹는 게 라면이다. 물론 이 내용은 자칭 '라면의 고수'라고 하는 남자들이 지어낸 라면 레시피다. 진즉이 알맞게는 수많은 경험을 해 본 후에라야 나오는, 고도의 손맛 감각을 익힌 자만이 할 수 있다.

그렇게 끓여야 탄성을 지르면서 먹는데, 휴일 아침에 군대 라면을 먹는다면? 그 악마의 맛을 아는 고참들은 은밀한 구석에 모여 따로 라면을 끓여 먹었다. '고참라면' 때문에 야밤에 완전 군장으로 연병장을 뛴 기억도 있다. 밤 12시에 보초 교대하고 들어오는데, 고참들이 난로 주전자 물에 라면을 끓이고 있었다. 내가 동참할 수도, 관여할 군번도 아니어서 보초 군장을 풀고 잠자리에 들려고 하는데, 당직사관이 들이닥쳤다. 짐자리에 들다 말고 도매급으로 엮여 나가 연병장을 뛴 '라면 흑역사' 이야기다.

좋은 추억도 있다. 부대 인근에 라면 공장이 있었는데, 한번은 우리 부대원을 초청했다. 전투체육의 날 오후 시간에 그 공장 운동장에서 공장직원과 축구시합을 했다. 축구에 이기고 지고는 중요하지 않았다. 빨리 마치고 제대로 된 라면을 먹을 생각만 했

---

1) 라면을 개별봉지에 넣지 않고 박스 단위로 포장한 라면

다. 경기 후, 우린 공장 구내식당에서 최고의 정통 라면의 맛을 즐겼다. 또, 위문품으로 받아와 취사반에서 제대로 끓인 라면을 여러 차례에 걸쳐 먹었다. 그날 이후로 그 라면 브랜드의 찐 팬이 되었다.

그 후, 불행하게도 라면 우지(牛脂)파동이 터졌고, 그 라면은 30여 년 동안 고전을 면치 못했다. 시장경제는 살벌한 전쟁이다. 그 틈을 타서 후발업체들이 선두를 치고 나갔고, 그 라면은 이름도 가물가물하듯이 숨죽였다. 그런데 뜻밖에 최근 '매운' 메뉴를 출시했다. 나와 인연 있는 브랜드라 관심이 갈 수밖에 없었다. 바로 사서 끓여 먹어봤다. 과연 입에 불이 나도록 맵고 얼얼한 맛이었다. 입맛에 맞고, 인연도 있는 그 라면을 응원할 수밖에 없었다.

언제부터인가 부서진 라면을 볶아 앙증맞은 봉지에 포장된 '라면땅'이 나왔다. 라면 제조 과정에서 나온 부스러기로 만들었다는데, 초창기 한 봉지 10원으로 내 어릴 때도 동네 구멍가게에서 쉽게 사 먹을 수 있었다.

라면땅에는 인기 만화 주인공 '뽀빠이' 브랜드가 그려져 있어, 아이들의 인기를 끌었다. 그러던 어느 날부터 뽀빠이가 사라졌다. 포장지 뽀빠이 그림이 북한의 적화통일을 암시한다는 소문이 나돌았다. 그 소문이 사실이었는지 지금도 알 수 없지만 '카더라' 통신의 폐단인 듯하다. 하여튼 라면땅은 성인에게는 추억의 간식으로, 아이들에게는 주전부리로 지금도 인기를 누리고 있다.

왕성한 인기에도 불구하고, 라면은 아직도 곤궁의 상징으로 회자된다. "밥 못 먹으면 라면이라도 먹지" 하던 시절이 있었다. 어려운 생활을 하면서 라면으로 끼니를 때워본 경험은 누구나 있을 것이다. 아시안컵 금메달리스트 '김춘애'가 라면만 먹고 뛰었다는 일화는 유명하다. 아직도 라면으로 한 끼를 때워야 하는 사람도 많다. 이제는 라면이 계층의 차이로 인식되는 메뉴를 극복해야 할 때다. 그리하여 모든 계층, 온 세계인이 즐기는 메뉴로 자리매김해 나갔으면 좋겠다.

내 인생의 내무반장

　논산훈련소에 입소했을 때, 신병 중대 내무반장은 출중한 얼굴, 호리호리한 키, 잘 빠진 몸매에 연예인 같았다. 목에 힘주어 말할 땐 위풍 있고, 근엄하기까지 하였다. 우리 훈련병들과 나이 차로 봐야 서너 살 많았을 텐데, 지휘관의 기풍이 깃들어 있었다. 훈련병들은 그가 한마디 하면 일사불란하게 움직였다. 단체 행동 무리에서 조금이라도 행동이 어긋나면 가차 없이 얼차려 제재가 돌아왔다. 하지만 내무반장의 위풍은 물리적인 위력이 아니라, 그의 자태에서 우러났다. 그런 모습이 멋져 보이고 그런 능력이 부럽기까지 했다.
　나는 학창시절 한 번도 '반장'을 해본 적이 없다. 그래서 남 앞에 설 기회가 별로 없었고 서툴렀다. 그렇다 보니 행동이 조심스럽고 매사 앞뒤를 재는 습성이 있었다. 소심하다고 봐야 했다. 하지만 내가 대한민국의 군인이 된 이상, 위풍당당해져야 하겠다는 생각을 했다. 그러던 중 기회가 왔다.

자대 배치를 받고 복무할 때의 일이다. 교육 프로그램에 통솔력 증진을 위한 시간이 있었다. 소양이 될 만한 자신의 경험담을 병사들에게 강의식으로 이야기하는 시간이다. 기회가 왔을 때 놓치지 말아야 했다. 몇 사람이 자발적으로 나간 후, 다들 머뭇거리는 순간을 틈타 손들고 나갔다. 가슴이 두근두근했지만, 마이크 앞에서 호흡을 크게 하고 이야기를 시작했다. 하지만 숨이 막히고 말은 버벅거렸다. 모두 숨죽이며 귀를 기울였지만 내 목소리는 기어들어 가기만 했다. 웅성웅성하는 소리가 들리는 가운데, 난 정신을 바짝 차려야 했다.

그러자 점차 숨이 고르게 쉬어졌고, 울렁이는 가슴이 진정되었다. 이야기가 끝날 즈음에 마침내 모두 내 말에 집중하게 되었다. 매주 발표시간이 있었고, 난 용기를 내어 빠지지 않고 발언대에 나갔다. 교육 마지막 주에는 마침내, 말이 술술 나왔고 유머도 섞어 가며 발언을 했다. 군인정신의 결과인지, 군 생활에서 군인정신이 생겼는지, 어쨌든 군 생활 중 내면에 숨어 있는 다른 나를 찾아냈다.

그래도 나의 소심함이 쉽사리 사라지지는 않았다. 나의 소심함을 알았는지 중대장은 나에게 별 체험을 다 시켰다. 수색정찰 작전을 할 때, 진로 방해하는 뱀을 잡아 나에게 껍질을 벗기게 하였다. 당연히 겁낼 줄 알았겠지만, 난 어금니를 악물고 뱀 껍질을 벗겼다. 껍질 벗겨진 뱀이 피를 흘리며 꿈틀거렸다. 내 군복에도 피가 튀었다. 중대장은 독 없는 뱀이었다고 나중에 귀띔해 줬다. 그 체험 이후로 나는 점차 대담해질 수 있었다.

자대 배치받고 본부대대 1중대에 배치받자, 또 다른 내무반장을 만나게 되었다. 그 내무반장은 너무 노숙했다. 쉰 정도의 노련한 군인의 모습이었고, 말도 느릿느릿하여 마치 아버지 같은 느낌이었다. 하지만 그다지 엄하진 않았고 의외로 자상했다. 우리와 한두 살 또래의 나이였는데, 왜 그런 느낌이 들었는지 지금도 의아하다. 어쨌든 대원들은 그런 그를 잘 따랐고, 나는 그의 아버지 같은 처세를 간파하고 정리하여 갈무리하였다.

군 시간은 흘러 나도 '일선'이 되었다. 일선은 어떤 조직의 행동대장과 같이 내무반장을 보조하는 역할을 했다. 그래서 일선은 병사들의 얼차려나 잔소리 같은 궂은일을 담당했고, 내무반장은 생색나는 일을 맡았다. 일선 역할에서 하급자를 대하는 스킬을 터득하면서 나도 마침내 내무반장이 되었다. 동기 중 한 명을 선임들이 선출하는데, 나는 동기가 없어 경쟁 없이 내무반장이 되었다. 경쟁 없이 선출되었기에 누구보다도 잘해야 했다. 나 역시 일선에게 잔일은 맡겼지만, 생색보다는 반원들의 화합과 사기 앙양에 치중했다. 그간 겪은 내무반장들의 자세도 곰곰이 생각해 보고, 사기 앙양을 시킬 방법을 고민했다.

전투 체육의 날에 중대별 축구경기가 있었는데, 나의 역량을 펼 기회가 왔다. 난 우리 대원의 사기 증진을 위해 상품을 걸었다. 일단 경기 전 자비로 사이다를 사서 돌리고, 우승에 막걸리

두 말 통을 걸었다. 막걸리가 눈에 아른거렸던 우리 팀은 기어코 우승했고, 포천 이동 막걸리를 공수하여 우승 파티를 열었다. 나는 한 달 치 봉급을 몽땅 털었지만 뿌듯했다.

전투경연대회에서 또 기회가 왔다. 내가 앞장서서 순탄한 길이 아닌 진흙탕 길을 가로질러 진격하였다. 결과, 잠복한 대항군을 물리치고 제일 먼저 진지를 탈환했다. 고지에 오르고 보니 내 안경이 사라졌다. 평가단은 내 안경 분실과 진흙탕 진격을 주의 깊게 살폈다. 평가결과, 우리 점수가 제일 높았다. 평가단은 내무반장이 대원들의 사기를 올리고, 장애물을 무릅쓰고 앞장서 높은 평점을 주었다는 것이다. 나는 새 안경을 포상품으로 받았고, 25명의 대원중 5명이 포상휴가를 받았다.

또, 수색 정찰할 때 북한에서 날아온 불온전단 수거 작전이 있었다. 다른 소대는 편하게 길 따라 종대로 갔지만, 우리는 수풀과 덩굴을 헤지며 횡대로 작전을 벌였다. 당연히 가장 많은 전단을 수거하였고, 역시 포상휴가를 받았다. 내무반 환경미화 평가에서도 1등 하여 여말에 최우수 내무반 포상을 받았다.

이런 일이 있기까지는 중대원들의 마음을 사야 했다. 보통 휴가 후 귀대하면 사제담배 한 개비씩 돌렸다. 군 담배 '화랑'을 피다, 민간 담배 '거북선'이나 '선'을 한 개비만 피워도 꿀 담배 맛이었다. 난 담배와 함께 집에서 가져온 엄마표 매운 김장 김치를 풀어 놓았다. 당시 물컹한 양배추김치가 허구한 날 배식 되어 물컹 맛에 질렸던 상황이었다. 다들 고향의 매운맛 김치에 환호

했고 감동했다.

　당연히 내무반장을 신뢰하게 되고, 내가 외출 외박이라도 나가면 뭔가를 기대하게 되었다. 당시 인기 가요 윤시내 「열애」 LP판을 사와 내무반 전축에 틀자, '왕고참'이 "뭘 아네?" 하며 감동했다. 사실은 나가기 전에 그의 취향을 미리 파악했었다. 대원들의 사기도 중요하지만, 하찮은 일에도 트집을 잡는 선임병들의 의중도 잘 살펴야 했다. 이런 현상은 사회생활에도 마찬가지다. 아부는 언젠가는 부작용을 유발할 수 있지만, 전후 상황을 잘 파악하면 일을 차질없이 진행할 수 있다.

　내무반장 경험은 전역 후 사회생활에 알게 모르게 도움이 되었다. 직장에서도 일반 직원에 있을 때보다 책임직일 때, 그런 경험을 현장에 활용했다. 직원들의 애로사항을 미리 알고, 요구 사항이 뭔지 수시로 파악했다. 그렇지 않으면 그들의 마음을 살 수 없고, 조직 생활에 엇박자를 낼 수 있다. 군 생활 여러 사례와 여태 살아온 경험을 생각하면서, 앞으로의 생활에도 적절히 활용하고 있다.

고장난 길눈

 난 평소 길눈이 밝다고 자부하는 편이다. 한번 다닌 길도 바로 터득하곤 했다. 여러 명이 함께 할 땐, 길눈 밝은 내가 늘 앞장서는 편이었다. 그런데 최근 나의 길눈에 이상 조짐이 보이기 시작했다.
 그 조짐은 3년 전 아내와 의정부 제일시장에 갔을 때 처음 나타났다. 그 시장은 3년 군 복무 시절 외출 때마다 누비며 부대찌개와 잡채를 먹었던 곳이다. 아내와 함께 그 시절 음식을 믹으며 군시절 추억을 소환해 보고 싶었다. 그런데 당시 운치 있는 재래시장은 온데간데없고, 시장 통로는 철골 구조물로 현대화되어 있었다. 주차장 안내에 따라 주차하고, 먹자골목 상가로 들어갔다.
 상가 중 한 집을 택하여 그 시절 먹던 부대찌개를 곁들여 밥을 맛있게 먹었다. 물론, 군 추억담으로 너스레를 떨었고, 의기양양하게 식당을 나섰다. 차 주차한 곳으로 갔는데, 아뿔싸! 어디에 차를 주차했는지 찾을 수가 없었다. 관리인을 찾아 물었는데, 주차 위치 번호를 모르면 찾기 힘들다고 했다. 한참을 기다린 후에야, 위치를 알려주어 겨우 나올 수 있었다. 여행 중 귀중한 한 시간을 허비했다. 아내에게 군시절 의정부를 누볐다고 했던 자만감은 한참 구겨졌다.

그 조짐은 해외여행 중 두 번이나 길을 잃고 미아가 되면서 재발했다.

그 첫 번째는 동유럽여행 중 오스트리아 잘츠부르크에 갔을 때의 일이다. 시내 관광을 하다가 네거리 교차로 신호에 걸려 기다리던 중 사달이 났다. 네거리 사방에 바로크 양식의 독특한 건물이 아름답고 조화로워, 그냥 지나칠 수 없었다. 파란 신호 중에 정신없이 카메라를 들고 앵글을 맞추다 보니, 일행은 건너가고 신호는 다시 빨간색으로 바뀌었다. 기다리다 건너갔는데, 다른 관광객들과 섞이면서 일행을 놓쳐버렸다. 부랴부랴 일행을 찾던 중, 함께 가던 그 무리가 상가 건물로 들어갔다.

우리 다음 일정이 상가 쇼핑이어서 무심코 따라갔다. 1층 상가 규모가 의외로 작아 2층에 큰 상가가 있을 것 같아 엘리베이터를 타고 계속 일행을 따라 올라갔다. 그런데 2층에 상가는 없고 호텔 객실 복도가 나타났다. 그곳은 상가가 아니라 호텔이었고, 나는 엉뚱한 곳에 와 버린 것이다. 부랴부랴 엘리베이터를 타고 내려갔는데, 호텔 뒷마당이 나타났고 출구가 없었다. 건물

복도를 따라 다시 들어갔더니 호텔 로비가 보여, 얼른 거리로 나왔다.

일행은 어디로 갔는지 한 명도 보이지 않았다. 휴대폰도 해외 로밍을 해 놓지 않은 상태여서 난감했다. 그야말로 다른 세상에 홀로 남겨진 신세가 되었다. 우왕좌왕하고 있는데 일행 중 한 명이 헐레벌떡 뛰어왔다. 그는 얼굴이 붉으락푸르락하며 당장 뭔 일을 낼 듯했다. 그 뒤로 아내가 울먹이며 따라왔다. 방심하여 길 잃은 내가 무슨 변명을 하랴. 숨죽이며 끽소리도 못했다.

길 잃은 해프닝으로 다음 일정인 쇼핑관광을 모두 망치고 말았다. 그다음 코스가 모차르트 마을 미라벨 궁전 정원이다. 영화 「사운드 오브 뮤직」에서 폰트랩 대령이 마리아와 아이들과 함께 도레미 송을 부른 곳으로 유명하다는 가이드의 설명이다. 혼돈의 경황에 주옥같은 설명이 내 귀엔 들어오지 않았다. 전체 관광 분위기를 망친 것 같아서 쥐구멍이라도 들어가려고 찾았으나 관광지에 쥐구멍은 없었다.

두 번째 미아는 일본 돗토리현 사막 한가운데시 벌어졌다. 그 사막은 파도가 만든 16km 길이의 모래 언덕이다. 사하라 사막 같은 유명한 사막에 비할 바는 못 되지만 나름 볼 만한 규모이다. 사막 가운데 오아시스도 있고 낙타도 보여 아프리카의 분위기 정도는 느낄 수 있었다. 나무가 자랄 수 없는 황무지를 관광자원으로 탈바꿈시킨 그곳 사람들의 발상에 감탄했다.

바로 일 년 전, 동유럽 사건은 까맣게 잊고 또 사진찍기에 열중하며 사막을 헤맸다. 한참 후 둘러 보았을 때, 일행은 모두 가고 없었다. 좀 당황했지만, 일행은 날 기다릴 것이고, 내가 따라 붙으면 만나리라 생각했다. 하지만 곤돌라 탑승장까지 갔는데, 아무도 보이지 않았다. 순간, 바로 옆에 '모래박물관' 안내판이 보여 내 맘대로 그곳에 갔을 것으로 생각하고 들어갔다.

마침 이집트 유산을 모래 조각 모형으로 만들어 전시하고 있었다. 피라미드 스핑크스 등에 심취하여 일행 찾기는 잠시 잊고 관람했다. 한 바퀴 돌고 다시 탑승장까지 갔을 때, 가이드에게서 다급한 전화가 왔다. 현장 안내원과 통화 후, 알려 주는 대로 일행을 기다리는 곳으로 갔다. 그곳에 가니 일행이 30분이나 초조하게 기다리고 있었고, 집단 항의가 이어졌다. 난 버스에서 고개 숙여 사죄하며 일 년 전 찾던 쥐구멍을 또 찾아야 했다.

길치는 나와는 전혀 상관없다고 자신하며 살았다. 나는 어릴 적부터 지도 그리기에 심취했고, 지도책 보기를 좋아했다. 중학교 여름방학 때 대한민국 지도를 그려오라는 숙제에 도로, 철로를 포함하여 면 단위까지 대형 모조지 전지에 그려 제출했다. 산, 평야, 바다를 색으로 구분하고 도로, 철도, 등고선까지 색깔별로 구분하여 그렸다. 선생님은 물론 친구들도 입을 쩍 벌리며 놀랐다. 모두 조선시대 김정호가 나타났다고 했다. 겨울방학 때는 세계지도를 같은 방식으로 그려 내, 모두 혀를 내둘렀다.

나는 서른 초반 차를 사자마자 서울 시내를 누비고 다녔다. 당시 내 주변 사람들은 서울 운전 공포증이 있었지만, 난 무리

없이 서울을 왔다 갔다 했다. 서울 지리를 알아서가 아니라 흥미롭게 지도를 보고, 목적지의 대로, 소로, 골목길까지 터득한 결과다. 지도와 이정표를 숙지하여 내 머리 안에 넣었고, 그림과 메모도 준비하였다.

　아이들 방학 때 휴가 내어 전국여행을 했다. 내비게이션이 없던 그 시절에도 길눈 밝은 나는 거침없이 잘 다녔다. 그런 내가 해외여행을 하면서 몇 번 미아가 되었다는 것은 야속한 세월이 원인인가? 아니다. 가이드에게만 의존하면서 정해진 목적지를 미리 파악하지 않았다. 또, 함께 한 일행과 단체행동을 해야 한다는 생각을 접고, 엉뚱한 곳에 한눈을 팔았기 때문이다.

　우리네 인생도 마찬가지 아닐까. 변화무쌍한 인생길을 남에게 의존만 하지 말고, 스스로 진로를 개척하며 나아가야 한다. 또한, 목적한 바를 이루기 위해 곁가지는 잠시 접어두고 바라는 일에 매진해야 한다. 그렇게 목적을 달성해야 보람을 느끼고 자부심도 생길 것이다. 자부했던 일에 차질 생기면 상처가 더 크고 체면도 많이 구겨진다.

벚꽃의 전설

4월 중순, 친구 부부가 벚꽃 보러 가자고 연락이 왔다. 아침나절에 아내와 드라이브하면서 훑어봤지만, 간만에 꽃길을 걷고 싶어져 함께 하기로 했다. 강릉 경포 벚꽃길은 최근 전국적인 반열에 올랐다. 경포 호수는 물론, 고즈넉한 경포대와 선교장, 해운정의 운치가 벚꽃과 어울려 분위기를 한몫 더해준다.

요즘 벚꽃은 지구온난화로 예년보다 이른 3월 하순에 핀다. 벚꽃 축제도 개화에 맞추어 최근엔 3월 말쯤 열렸다. 근데 올해는 4월 초인데도 벚꽃이 필 조짐이 없자 행사를 준비했던 지자체들은 난감해했다. 급기야 한 지자체는 벚꽃이 아직 안 피어 죄송하다고 사과하는 해프닝까지 있었다. 지금이 4월 중순이니 여기 벚꽃도 어깃장을 부리기는 마찬가지였다.

우리 넷은 한적한 쪽 주차장에서 내려 경포호 뒷길로 걸었다. 강릉 아르떼뮤지엄 옆으로 새로 조성된 길이다. 그 길의 벚꽃이 개천에 반영되어 색다른 분위기를 자아냈다. 마침 석양 측광으로 주변이 화사하고, 노을에 흠뻑 젖은 벚꽃이 환상적인 풍경을 만들어 냈다. 우린 본격 경포호수 길로 접어들었다.

호숫가 벚꽃은 우렁찬 합창단이고, 늘어진 수양벚꽃은 산들산들 춤추는 무용수였다. 간혹 선홍빛 진달래도 보였지만, 벚꽃 홍수에 가려 그 초라함과 민망함은 보는 사람의 몫이 되었다. 복슬복슬한 황매도 벚꽃 앞에서 기죽긴 마찬가지였다. 그나마 길가 색색의 튤립이 바람결에 흔들려 색동옷 아이들의 군무로 눈길을 끌었다.

올 벚꽃은 늦추위로 힘겹게 피었으나, 개화부터 엔딩까지 비바람이 없어 모처럼 온전한 모습을 보여주었다. 거의 매년 비 아니면 강풍으로 힘겹게 꽃구경을 해야 했지만, 이번엔 벚꽃이 우리를 제대로 대접해 주었다.

우린 나이도 잊고 깔깔거리며 사진 포즈도 취하며 상춘의 시간을 즐겼다. 시간 가는 줄도 모르고 거닐다가 7시 넘어서야 야시장에서 배를 채웠다. 하지만 벚꽃 배는 아직도 고팠다. 우린 야경까지 볼 심산으로 경포대를 올랐다. 과연 벚꽃 잔치의 백미가 기다리고 있었다. 주변보다 높아 시야가 확 트이고 호수와 어우러진 벚꽃 길이 파노라마처럼 펼쳐졌다. 벚나무를 장식한 오색 등과 가로등의 온화한 불빛에 가슴이 설레었다. 아, 여기 이 벚꽃의 아름다움. 경포 가도의 벚꽃을 보면 피어오르는 전설이 있다.

고등학교 2학년쯤. 작업이 있다며 모두 삽을 갖고 오라고 했다. 다음 날 도시락과 삽을 들고 4km 걸어서 경포 입구에 도착

후, 도로변에 놓인 묘목을 정해진 간격대로 심었다. 경포 입구에서 해운정 앞까지 물도 주고 종일 땀 흘리며 작업했다. 심을 땐 관심을 두지 않았으나, 우리가 심은 그 묘목이 벚나무라는 사실을 수년 후에야 알았다. 그곳을 지날 때마다 '저 나무 내가 심었다'며 으스댔다. 당시는 어린나무였으나 지금은 가지가 휠 정도로 많은 꽃을 피운다. 요즘 학교 상황에선 어림없을 작업지시였지만, 추억을 만들어 준 그 시절에 감사한다. 50년이 거의 되었으니 전설이라 할 만하다. 나의 벚꽃 전설은 하나 더 있다.

아내와 결혼 전 벚꽃 여행을 간 적이 있다. 당시만 해도 경포 벚꽃은 좀 빈약했고, 전국 벚꽃의 으뜸은 진해로 알려져 있었다. 그렇다고 해도 진해는 추억을 만들기에는 너무 멀었다. 하지만 결혼을 앞둔 우린 그 정도 거리가 멀지 않을 만한 젊음과 풋풋함을 가지고 있었다. 열차 2박 여행을 감행했다.

강릉역에서 밤 11시 영동선을 타고, 영주역에서 내려 심야 가락우동을 먹고 경부선으로 갈아탔다. 아침나절 부산역에 도착한 후, 진해 직행버스에 올랐다. 구불구불 2차선 고속도로를 경유, 12시간 걸려 진해에 도착했다. 화사한 벚나무의 환영하에 우린 벚꽃 길을 달콤하게 걸었다. 최고 벚꽃 도시의 명성에 맞게 격자형 거리 구석구석에 벚꽃이 도열하여 있었다. 해군사관학교 입구 쪽의 벚꽃길이 그중 으뜸이었다. 일제강점기에 심었다고 하니, 그때까지만 해도 이미 50년이 넘은 거목이었다. 우린 그 거목처럼 든든한 벚꽃 여행을 가슴 깊숙이 전설로 만들어 간직했다.

다시 버스와 기차로 강릉에 도착했을 땐 다음 날 아침이었다. 나의 생애 이전에도 이후에도 없을 열차 2박 여행이었다. 지금 그런 교통상황으로 가라면 못 갈 것 같다. 그때 꿈같은 추억은 지금의 행복으로 이어졌다.

벚꽃 얘기라면 버스커버스커의 노래 「벚꽃엔딩」을 빼놓을 수 없다. '봄바람 휘날리며, 흩날리는 벚꽃 잎이 울려 퍼질 이 거리를 둘이 걸어요'

가사 중 일부다. 벚꽃잎이 떨어질 때 이 노래를 음미하며 걸었다. 꽃잎이 얼굴을 스치자 여러 감정이 한꺼번에 밀려왔다. 우선 쓸쓸함이 느껴졌다. 꽃잎이 나무와 이별해서 그렇겠지. 하지만 꽃잎이 리듬을 타고 휘날리는 순간, 아름다웠다. 생존의 역할을 마친 꽃잎이 춤추며 축복의 시간을 즐기고 있었다. 이별이 반드시 슬픈 일만은 아니라는 생각이 들었다. 춤추는 꽃잎은 내일을 기약하며 자연으로 돌아갔을 터이니까.

노랫말처럼 둘이 함께 거닐면 더 소중한 시간이 될 것이다. 그 시간 그곳에서 아름다운 추억이 만들어지고, 더 나은 날이 다가올 것이다. 아, 이러니 벚꽃 철에 벚꽃엔딩 노래가 어울리나 보다.

팝콘처럼 소박한 벚꽃은 사람들의 눈길을 잡을 땐 강렬하다. 뭉치 꽃이 시야에 꽉 차는 모습이 그렇고, 많은 꽃잎이 순식간에 피었다 사라지는 모습이 그렇다. 봄과 함께 부드럽게 다가와 진한 여운을 남겨주는 벚꽃. 나에게 벚꽃은 아름다운 축복이자 소중한 전설이다.

(『월간 수필문학』 2024년 6월호.)

5

길에서 만난 행복

나의 애마

아들딸이 커가면서 함께 이동하기가 힘들어지고 불편함이 점차 커졌다. 아이를 안고, 업고 버스를 타보았던 부모라면 누구나 그 심정을 알 것이다. 그래서 아이들이 초등학교 입학할 무렵, 지금이 적어도 조선시대가 아니라는 생각에 스쿠터 한 대를 장만했다. 허름한 중고스쿠터지만, 말 등에 올라탄 기분이 들어 '애마(愛馬)'라고 불렀다.

우리 가족은 장거리만 아니면 주변 어디든 애마를 타고 이동했다. 그런데 아이들이 점점 더 크면서, 우리의 애마가 네 가족을 등에 태우고 다니기 벅차게 되었다. 언덕을 겨우 오르고 엔진에서 시커먼 매연을 토해냈다. 그럴 때마다 들리는 힘겨운 엔진소리는 늙은 말의 거친 신음 같아서 안쓰럽기까지 했다. 결국, 어쩔 수 없이 처분했다.

돌이켜 보니, 그때 안전모도 안 쓰고 정원초과 상태로 2년여를 타고 다녔다. 더구나 스쿠터에 필요한 원동기 면허조차 없이 말이다. 관련 법규는 있었겠지만, 단속이 심하지 않아 다행히 별 탈은 없었다. 만사형통 스쿠터 없는 세상은 너무 황량하였다. 그 편리를 맛본 후여서 후유증은 컸고, 또 다른 이동수단이 절박했다. 자가 승용차를 염두에 두면서, 일단 운전면허증을 따기로 했다.

86아시안게임 무렵, 운전면허시험에 도전했다. 새벽밥 먹고, 6시에 운전연습장에서 교습을 받았다. 대망의 시험 날, 출발은 좋았으나 오르막에서 기어를 바꾸다 시동이 꺼져버렸다. 결과는 불합격. 이후 다른 지역 직장 이동으로 도전을 미뤄야 했다. 그땐 다들 그랬겠지만, 시간을 맞춰 버스 타고 출퇴근하는 게 여간 번거로운 일이 아니었다. 또다시 자가 차량 생각을 하게 되었다. 무엇보다 면허증 취득이 절실했다.

새 근무지에서 면허시험에 다시 도전하기로 했다. 이번엔 점심밥을 전광화석처럼 먹고, 점심시간을 활용해서 교습을 받았다. 이미 불합격의 아픔이 있었기에 재도전하는 시험엔 정신을 바짝 차리고 응시한 결과, 합격했다.

마치 세상을 다 얻은 기분이었다. 앉으면 눕고 싶고 누우면 잠들고 싶다고 했던가? 그다음 단계는 뻔하다. 면허증이 손에 들어오자 차 구입 생각이 스멀스멀 몸으로 번지기 시작했다. 간절한 생각이었지만 자금이 문제였다.

고민하니까 답이 나왔다. 때마침 야간 근무부서에 배치되면서 야간수당을 받게 되어 결행했다. 어떻게 알았는지 동생 친구가 바짝 덤벼드는 바람에 당시 유행하는 '르망'을 구입하게 되었다. 자의 반 타의 반 선택의 결과지만 브랜드명이 맘에 들었다. 누구나 살면서 인생의 '로망'이 있을 텐데 그 발음과 비슷하고 '희망'이 연상되기도 했다. 르망도 나는 '애마'라고 칭했다. 당시 차량 구입은 넉넉지 않은 우리 생활에 획기적인 변화였다. 88올림픽 시절, 대망의 마이카(my car)시대 개막에 동참하게 되어 뿌듯했다. 사실 장거리 출퇴근에 절실했고, 야간수당 덕분에 가능했다.

  처음 차를 몰고 시내에 나오자, 말 그대로 손이 부르르 떨리고 눈앞이 하얘졌다. 내가 처음 신발을 신고 첫발을 내딛던 아기 시절, 그런 기분이었을까? 진땀 흘리며 시내를 몇 바퀴 돌다가 근무지까지 가야 할 때가 되었다. 간절히 기도하고, 심호흡도 크게 하고 출발했다. 겁을 먹고 들어선 고속도로는 의외로 편했다. 느린 차선이 보이면 무조건 비켜주고 뒤차를 먼저 보내고, 마침내 도착했다. 입술이 바짝 마르고 식은땀이 줄줄 흘렀지만, 도전에 성공했다.

  누구나 처음 운전하면서 이야깃거리가 많겠지만, 거의 매일 일화 수준의 사건들이 생겼다. 집 마당을 가려면 차가 겨우 들어갈 수 있는 골목을 진입해야 했다. 첫날 전진으로 들어갔다가 마당에서 차를 못 돌려 땀을 뻘뻘 흘렸다. 마침, 인근 아파트에서 내려다본 사람이 있었다. 그분이 내려오더니 친절하게 요령을 가르쳐 주며 해결해 주었다. 후진으로 들어가면 쉽다고 했다. 지금 생각하면 누워서 떡 먹기 같은 일이었는데, 처음엔 다 그랬는가 보다.

제일 기억에 남는 사건은 눈 오는 날 고생했던 일이다. 근무지에서 눈이 막 오기 시작하자 서둘러 출발했다. 하지만 반도 못 가 눈이 점점 쌓여 더 갈 수 없었다. 트렁크에서 체인을 꺼내 장착하였는데, 약간 비뚤게 되었다. 마침 손에 있던 자동차 키로 당기는 순간, 키가 "뚝!" 부러졌다. 비상키가 없는 상황에 난감하고 아찔했다. 요즘 말로 '멘붕'이 왔다. 지나는 차량을 겨우 세워 시내 열쇠점에 연락을 좀 해달라는 부탁을 하고 기다렸다.

그분이 제대로 연락해 줄 건지, 연락해도 열쇠업자가 눈길에 올지도 모르는 상황에서 마냥 기다렸다. 2시간여 기다린 끝에 마침내 그분이 오셨다. 기독교 신자도 아닌데, '기쁘다 구세주 오셨네~' 찬송가를 부를 뻔했다. 새로 깎은 열쇠를 꽂자 경쾌하게 시동이 걸렸다. 열쇠 제작비와 출동비를 지급하는데 지갑을 탈탈 털어야 했다. 체인을 제대로 장착하고 겨우 집에 왔을 땐, 새벽 2시가 넘었다. 가족들은 영문도 모른 채 뜬눈으로 밤을 새우고 있었다. 휴대전화가 없던 암울한 시절, 참으로 호랑이 담배 피우던 시절 같은 이야기이다.

나의 애마로 삶의 질은 얼마나 좋아졌던가. 이동 시간 절약, 편리성 등 이루 말할 수 없는 혜택을 누렸다. 전국을 누비며 아들딸에게 여러 가지 체험을 시켜주고 견문도 넓혀 주었다. 비용 절감을 위해 아이스박스에 음식을 담아 싣고, 좁은 차 안에서 네 식구가 차박도 마다하지 않았다. 하지만 차량은 엄청난 위험을 안고 다니는 시한폭탄과 같다. 안전 수칙을 제대로 지키지 않으면, 사고는 언제 어디서나 일어날 수 있기에 늘 조심했다.

　실제로 나의 새로운 애마 르망 이후로 네 번째 차를 타고 있지만, 그사이 크고 작은 사고를 만나기도 했다. 그때마다 내가 다친 일은 없었다. 하늘이 준 행운이라 생각한다. 하지만 행운은 거기까지라는 생각으로 더욱더 조심, 또 조심하고 있다.

　예전에 일부 계층의 사람들이 말을 타고 다녔고, 그 말을 애지중지한다고 하여 '애마'다. 지금은 자가용이 애마역할을 충분히 하고, 그 이상의 역할을 한다는 것은 말할 것도 없다. 그래서 그 애마가 다치거나 남에게 보낼 때, 눈물 흘렸다는 얘기도 들었다.

　애마는 정비를 잘하고 연료통이라는 배에 기름을 두둑이 채워주면, 어디나 군소리 없이 간다. 나의 애마가 다치지 않게 하는 것은 나를 위해서도 남을 위해서도 좋은 일이다. 모두가 건강한 교통문화를 지켜 안전한 사회를 만들어야 하겠다.

춤추는 주전자

　우리 텃밭 동네 이장댁 모내기하는 날, 이앙기에 모판을 올려 주는 일을 도왔다. 꽤 힘든 일이라 출출했는데, 오토바이 소리와 함께 탕수육과 볶음밥이 배달됐다. 나와 이장, 이앙기 기사, 단 3명이 단출하게 점심을 해결했다. 논두렁 점심은 실로 오랜만이었다. 나 어릴 적에는 아이 어른 할 것 없이 동네 사람 모두 모여 왁자지껄 모내기했다. 점심 후 쉬면서 그 시절로 돌아가니 기억이 파노라마처럼 펼쳐졌다.
　모내기 전날. 엄마의 명령으로 나와 동생 둘은 족대와 양동이를, 누나와 여동생은 바구니를 들고 대문을 나섰다. 우리는 마을 어귀 냇가에서 족대로 물길을 막고, 도랑 안 수풀을 헤집으며 고기를 몰았다. 사냥꾼의 현란한 행동에 숨어 있던 물고기들이 족대 안으로 몰렸다. 그러길 여러 번 만에 물고기를 한 동이 채우고, 이번엔 논으로 들어가서 바닥에 기어 다니는 우렁이를 한 바구니 주워 담았다.

　신나게 사냥을 마친 우리는 의기양양하게 엄마 앞에 획득물을 턱 내려놓았다. 누나와 여동생도 봄나물 가득 찬 바구니를 자랑스럽게 쓱 내밀었다. 저녁에 추어탕을 맛있게 끓여 달라고 하자 엄마는 씩 웃기만 했다. 허기진 우리 앞에 나온 저녁 밥상은 의외로 단출하여 밥을 먹고도 허전했다.

　저녁밥을 물리자 친척 아주머니가 오고 누나도 부엌으로 들어갔다. 장작 타는 소리와 물 끓는 소리, 설거지 소리가 악기연주처럼 들렸다. 잠시 후 우리 앞에 삶은 우렁이가 한 그릇 들어왔다. 입이 떡 벌어지게 좋아하는 건 잠시. 우렁이 속을 발려 갖고 오라고 한다. 초라한 저녁을 먹었기에 우렁이를 야금야금 먹기도 하며 임무를 완수하였다. 그렇게 보람차고 피곤한 하루가 지나갔다.

　다음 날, 어둠이 걷히기 무섭게 아버지는 새벽밥 요기를 하고 소를 몰고 나갔다. 이번엔 아랫집 아주머니도 합세해 네 명이 부엌에서 분주하게 움직였다. 친척 아주머니와 누나는 논에 새참을 갖다 주고 온 것 같았다. 어제는 영문도 모른 채 엄마가 시키는 대로 했는데, 모든 게 모내기 준비였다는 걸 알았다.

　모내기 날 부엌풍경이 펼쳐진다. 안방에서 부엌으로 난 쪽문을 통해 보면 음식 만드는 광경이 한눈에 들어온다. 진한 향에 끌려 먼저 눈에 띄는 음식이 멍게 넣은 미역생채무침이다. 붉은 멍게 살과 짙은 녹색 미역이 조화롭고 향기 또한 으뜸이다.

　엄마의 빠른 손놀림으로 달래, 냉이와 머위잎을 마술사처럼 무쳐낸다. 우렁이는 된장에 미나리와 버무려져 입맛을 돋운다. 데쳐서 돌돌 말린 쪽파에는 참기름 간장 먹은 달래가 얹혀 있다. 쪽파 무침에서 혹한의 겨울을 견딘 진한 향이 난다. 아궁이 앞 숯불에 놓인 석쇠엔 꽁치가 "투두둑~!" 소금을 튀기며 구워진다. 화롯불에는 미나리와 파를 넣은 파전이 지글지글 익는다.

큰 가마솥의 밥은 김을 모락모락 올리며 다음 단계를 재촉한다. 가마솥 밥을 함지박에 옮겨 담을 때, 미리 익혀 놓은 팥을 켜켜이 넣는다. 팥을 따로 익혀 넣어야 밥에 팥물이 번지지 않는다. 이게 모내기 날 먹는 '못밥'이다. 하얀 쌀밥에 진한 팥 무늬 못밥은 영양밥이자 엄마의 예술 밥이다. 또한, 못밥 속 팥에는 그해 풍년을 기원하는 민간 신앙적 의미를 품고 있다.

이제 가마솥에 남은 누룽지가 노릇하게 익으면 그건 우리 몫이다. 미꾸라지 추어탕도 궁금하고 엊저녁 엉성한 밥에 실망도 했지만, 모내기 일꾼과 먹을 맛있는 점심에 기분이 한껏 들떴다.

읍내에서 울려 퍼지는 정오 사이렌 소리를 시작으로 점심밥 행렬이 출발했다. 엄마들은 음식을 담은 큰 함지박을, 누나는 작은 함지박을 따리 받힌 머리에 이었다. 막걸리 주전자를 든 내가 행렬 제일 앞에 섰다. 배에서 꼬르륵 소리가 났지만 애써 첫걸음을 가볍게 떼었다.

논이 가까워지면서 일꾼들의 구성진 노랫가락이 들리고, 나도 덩달아 신바람이 났다. 점심밥 행렬이 보이자 일꾼들의 신바람에 모내기 분위기는 절정에 다다랐다. 이 분위기에 젖어 나도 모르게 주전자를 흔들며 덩실덩실 날듯 논두렁을 달음박질쳤다. 누나가 "엄마 쟤 손의 주전자 춤추는 것 좀 봐." 하며 소리치자, 모두 흥겨워 보이는 나의 행동과 '춤추는 주전자'를 보며 깔깔 웃었다.

논 머리에서도 파노라마는 이어진다. 활활 타는 장작불 위에 놓인 솥단지가 눈에 띈다. 추어탕의 구수한 냄새가 들판에 은은하게 퍼진다.

"아~! 내가 잡은 물고기, 추어탕."

역시 추어탕은 내 기대를 저버리지 않았다.

이윽고 함지박의 베 보자기가 열리고 논두렁 성찬이 펼쳐진다. 역시 제일 먼저 멍게 향이 퍼진다. 들판의 풀 향기 속에 바다 향이 퍼지고, 파릇한 봄 색에 붉은 멍게 색이 조화롭다.

밤새 음식 준비한 노고와 농사일의 피곤함이 모두 날아가며, 화기애애한 풍경이 이어진다. 맛있게 먹는 일꾼들의 환한 표정에 나의 속 좁은 실망감과 허기는 단숨에 사라진다.

갑자기 일꾼 한 사람이 소리를 한다. 모내기할 때 부르는 논두렁 노래이다. 이어서 다른 일꾼이 소리를 이어받고, 술잔이 일꾼들의 손으로 전달되면서 주전자도 덩실덩실 춤을 춘다.

요즘 논두렁에선 보기 힘든 풍경이다. 농법기계화로 일꾼도 단출하여 배달음식이나 가까운 식당에서 새참을 해결한다. 이는 시대적 추세로 노동시간 절약과 아낙들의 노고를 덜어 준다는 면에서는 획기적이다. 그렇다 하더라도 그 시절 정겨운 풍경이 어쩔 수 없이 그립다.

(『수필문학추천작가회』 제30회 2022년 사화집.)

조부동에 간다

조부동은 왁자지껄하다. 조부동에는 사람 사는 정이 있고 멋이 있다. 조부동에 가면 훈훈한 정이 보이고 행복이 느껴진다. 일상에 밍밍함을 느낄 때 나는 조부동에 간다.

3년 전쯤인가 텃밭 마을 이장님, 옆 밭 어르신과 함께 학고개 정상에 있는 설렁탕집을 들렀다. 가는 날이 장날인가, 사람이 많고 자리도 없어 차를 돌리자, 이장님은 인근에 새로 개업한 '조부동' 식당으로 가자고 했다.

마을 안 길 야트막한 언덕 아래 식당인데 안은 꽤 넓었고, 자세히 보면 컨테이너를 몇 개 붙여 지은 건물이다. 전체적으로 전문업체를 거친 모양새는 아니다. 마당가엔 야생 수석이 불규칙하게 늘어져 있고, 건물 한쪽은 청계가 옹기종기 사는 자그마한 닭장도 있다.

동행한 어르신이 의자에 앉자마자 여사장님에게 대뜸 "난 풍양 조 씨인데 사장님은 어디 조 씨요?"라고 묻자, 의외의 답변이 돌아왔다. 조부동은 사장님의 이름이 아니라, 살림집이 인근 '조부동' 마을에 있고, 마을 명을 따서 상호를 정했다는 것이다. 알고 보니 그곳은 판교리인데, 이설당 마을과 조부동 마을을 합친 동네다. '판교'라는 말은 널빤지(板) 다리(橋)란 뜻으로, 예부터 '너다리'라고 불렸다. 북강릉 IC에 접해 있는 교통요지이고, 곧 해안도로와 연결되면 사천항, 경포해변, 주문진 어시장으로 바로 갈 수 있게 된다.

그렇다. 지금은 판교1리, 판교2리, 이렇게 부르는데 그 속에 자연부락 조부동이 있고, 조부동은 사람 이름이 아니라는 것을 알았다. 나도 사실은 조부동이 사장님 성함인 줄 알았다.

그날은 식당 주변을 훑어본 후 시원한 막국수를 먹고 나왔다. 이후로 몇 번 갔는데, 식당이 주변과 어울림이 자연스러워 어색함이 없었다. 우선 문을 열고 들어서면 여 사장님이 환하게 웃으며 맞이한다. 식당 환경은 남 사장님이 손수 꾸미는 것 같았다. 창가의 장식물은 바깥에서 보이는 자연과 조화로웠다. 올 때마다 가구, 소품들의 모양과 위치가 조금씩 바뀌기도 한다. 큰돈을 들이지 않은 것 같은 아기자기한 소품들을 눈여겨보는 재미도 있다.

입구의 야생화는 손을 살랑살랑 흔들어 손님맞이를 한다. 마당가의 삐뚤빼뚤 수석은 원래 있던 강변의 풍치를 비춰주고, 자른 지 얼마 안 된 목재는 상큼한 나무 향을 풀풀 풍긴다.

이런 아기자기한 멋들이 많지만, 그래도 이 식당이 끌리는 것은 따로 있다. 남 사장님이 직접 튀긴 통닭을 서비스로 준다는 것이다. 요즘 유행하는 말로 '겉바속촉' 치킨. 메뉴를 주문한 모든 손님에게 반 마리씩 준다. 이장님 말로는 석 달 전 개업할 때부터 그렇게 주다가, 식당이 자리잡히자 몇 토막으로 낮춰 주었다 한다. 시골 마을에서 개업하고 동네 사람들을 상대로 하는데, 초심을 잃었다는 소문이 퍼졌다. 점차 사람 발길이 뜸해졌고, 얼마 후 다시 반 마리로 환원했다. 그런 과정을 거친 덕분에 이후 모든 사람이 식탁에서 닭다리를 뜯는다.

집에서 10km 정도의 거리지만 일부러 이곳을 찾는다. 세상에 식사 한 끼에 통닭 반 마리를 먹는 횡재가 어디 있나? 나와 동행한 사람들은 다 좋아했고, 나중에 또 다른 사람과 조부동을 찾았다고 했다. 이 집은 통닭이 영업사원인 셈이다. 나는 여기서 식사만 하고 통닭은 포장해서 가져간다. 통닭을 미리 먹으면 주문한 음식의 제맛을 못 느끼기 때문이다.

그렇다고 통닭이 조부동에 가는 절대적인 이유는 아니다. 가끔 들르면 다양한 사람들의 모습과 이야깃거리가 보여서이다. 여기서는 음식만 들이키는 것이 아니라 사람이 살아가는 모습을 들이켠다.

통닭을 줘서 간다는 것은 좀 얄팍한 핑계일 수도 있겠다. 우선, 메뉴가 사람을 불러 모은다. 시골 변두리에서 막국수를 전문으로 하는 식당에서 돈가스와 꼬막 비빔밥을 함께 한다. 단출한 메뉴로도 다양한 세대를 아우른다는 것이다. 막국수를 먹는 어른과 함께 온 아이들은 자연스레 돈가스를 먹게 된다. 또, 젊은 층을 대상으로 요즘 핫한 메뉴 꼬막 비빔밥이 준비되어 있다. 여기 덧붙여 즉석 튀김 통닭을 먹으니 누가 마다하겠나. 둘러보면 농사짓는 어르신, 삼대가 함께 온 가족, 젊은 층 등 구성이 다양하다.

오늘은 아내와 여길 찾았다. 오랜만에 시장통 구경도 하고 장터 칼국수를 먹으려고 중앙시장엘 갔는데, 주말이라 그런지 가는 곳마다 주차장이 만차였다. 할 수 없이 차를 돌려 나가다 보니 자연스레 조부동으로 향하고 있었다.

돈가스와 꼬막 비빔밥을 주문하면서 돈가스는 '찍먹'으로 해 달라고 하자 서빙 이모님은 "오케이~!"라고 명쾌하게 대답했다. 여기 오면 여사장님도 쾌활하게 손님맞이를 하지만 이모님은 고단수 쾌활인이다. 찍먹이 뭔지 아시냐고 짓궂은 질문을 하자, "아유 손님, 날 어떻게 보고…, '부먹'은 소스를 부어서 먹는 것이고, '찍먹'은 소스를 찍어 먹는 것이잖아유~"라고 너스레를 떨었다. 이모님의 쾌활한 모습을 보면 나도 쾌활 지수가 올라간다. 이게 여기 오는 또 다른 이유다.

치킨은 포장해 갈 거라 했더니, "싸 가지고 가서 두 분이 밤에 오붓하게 치맥하셩~"라고 했다. 또, 옆자리에 있는 친구 부부를 발견하곤, "야~! 넌 집에서 얌전히 밥해 먹어야지. 부부가 쌍으로 돈 들여 외식하냐?"라고 농담조로 쏘아붙였다. 식당 종업원이 그런 말을 할 건 아니다. 하지만 누구 하나 그 말에 토를 달지 않았다. 여 사장님은 빙그레 미소를 지을 뿐이다. 그냥 정겨운 풍경이었다.

손님 몇 분이 들어오면서 동네 사람을 보자 "어이, 요즘 바쁘지? 고추는 다 땄는가?" 하자. "고추 따서 널어놓고 왔네." 이 식당에서 농사일 등 동네 안부로 인사하는 모습은 다반사다. 여긴 논밭에서 일하다가 점심이나 새참을 때우려는 사람들이 가끔 온다. 바짓단을 걷은 채 오는 사람, 밀짚모자를 쓰고 오는 사람, 논에서 막 나온 듯 흙 묻은 장화를 신은 채 오는 사람 등등. 참 소박하고 삶이 배어 있는 모습이라 보기 좋다.

자주 못 보는 사람의 안부도 여기서 알게 된다. 타지에 살면서 명절이나 휴가철에 온 이웃 자녀들을 이곳에서 만나 반가워하기도 한다. 할아버지, 할머니와 함께 온 손자녀는 모든 사람의 시선을 받으며 무대의 주인공이 되기도 한다.

우리가 오기 전, 한 어르신이 손녀를 데리고 오자 친구분이 귀여움에 지갑에서 5만 원을 꺼내 줬던가 보다. 우리가 식사를 마칠 즈음, 손님 몇 분이 나가고 여사장님은 전화를 받는다. "아이가 돈 5만 원을 잃어버렸다고요? 그걸 찾아 달라고요?"라며 난감해했다. 그때 나가던 손님이 "사장님, 여기 차 옆에 돈 5만 원이 떨어져 있네요. 주인 찾아 주세요."라며 돈을 건넸고, 돈은 찾는 주인에게 전달되었다. 참 훈훈한 풍경이다. 돈 5만 원이 땅에 떨어져 있으면 아무도 모르게 사라질 텐데, 조부동은 그렇지 않은가 보다. 우리도 계산하고 나오려는데 우리 옆에서 식사하시던 어르신이 부른다.

"이봐요. 이거", "아, 우리 통닭. 감사합니다."

챙겨 주는 것이 당연하고 감사 인사 또한 당연하다. 그래서 조부동에 간다.

아, 생각나는 미담이 하나 더 있다. 지난번 친구 부부와 여기 왔을 때다. 여사장님이 누구와 통화하더니, 손님이 깜빡하고 외투를 두고 갔는데, 좀 전해 줄 수 있냐고 물었다. 우리도 어차피 시내로 나가야 해서 기꺼이 약속장소를 정하고 전해 주었다. 서로 큰 불편 없이 일이 해결되고 서로 뿌듯한 시간을 가져 행복감을 느꼈다.

우리는 언제 자그마한 행복감을 가질 수 있나? 각박한 시절에 전파 매체나 인터넷을 통해 온정 뉴스나 영화를 보면서 행복감을 느낄 수는 있다. 하지만 감동 넘치는 상황을 직접 체험하면서 행복감을 느끼기는 쉽지 않다. 서두르지 않고 가까운 곳에서 훈훈한 모습을 직접 보고 체험할 수 있는 곳이 있다면 좋지 않은가.

(『영동수필문학』 2023년 사화집)

두꺼비 이야기

5월 초, 지인들과 텃밭 인근 야산을 오르며 봄의 기운을 만끽한다. 나무에서 꿈틀거리는 새 움은 새 계절이 궁금해 세상을 엿보고 있다. 오르는 코스는 완만한 산 능선이라 왁자지껄 오르기 딱 좋은 길이다.

정상에 도달할 즈음, '두꺼비 바위'라고 쓴 투박한 팻말이 보였다. 호기심에 가리키는 쪽으로 내려가 보니, 나무숲 사이로 커다란 바위가 보였다. 가까이 가자 과연 집채만 한 두꺼비가 웅크리고 앉아 있었다. 마침, 사람이 보여 물어보았다. 몇 년 전부터 이곳을 알았고, 가끔 들러 주변 정리도 하고 소원도 빈다고 했다. 실제로 이곳을 찾은 이래, 하는 일이 잘 풀리고 마음도 편해졌다며 두꺼비를 예찬했다. 우리도 전지전능할 것 같은 '두꺼비 님'께 각자 소원을 빌었다.

궁금하여 여러 방면으로 검색해보자, 한 지도사이트에 '두껍바위'라는 명칭으로 등장했다. 더 알고 싶어 텃밭 이웃에게 물어보니, 지금은 옛길이 사라져 사람들이 거의 안 다닌다고 했다. 그랬다. 현장에서 봤을 때, 마을에서 올라오는 길은 없었다. 산책로 정상으로 올라가는 길의 샛길에 누군가 팻말을 만들어 놓아 그나마 알게 되었다. 그는 덧붙여, 예부터 동네 아낙들이 두꺼비 같은 아들을 점지해달라고 빌던 바위라고 했다.

'두꺼비 같은 아들', 낯설지 않다. 우리 아들 이야기다.

아들이 엄마 배에 있을 때, 마당에 두꺼비가 나타난 적이 있다. 두꺼비는 마당을 엉금엉금 가다가 문 앞을 한참 기웃거리며 지나가곤 했다. 며칠간 같은 장면을 연출하였고, 한번은 막무가내로 방 안에 들어와 정중히 쫓은 일도 있다. 어머니는 떡두꺼비 같은 손자가 태어날 조짐이라고 했는데, 조짐대로 되었다. 아들이 태어난 후 이상하게도 두꺼비는 오지 않았다. 그리고 아들은 자신의 돌날 두꺼비처럼 마당을 기어 다녔다.

이름 지을 때, 두꺼비와 연관하여 짓지 않을 수 없었다. 한자로는 두꺼비 '섬(蟾)' 자가 있는데, 두꺼비가 많다는 섬진강(蟾津江)의 그 '섬' 자이다. 임진왜란 때, 섬진강에 두꺼비가 요란하게 울어대 왜군이 물러갔다는 전설이 있다. 두꺼비의 기운이 국운까지 성스럽게 서렸을 것이니, 아들 이름에 두꺼비 의미는 넣어야 했다. 섬 자는 항렬과 어감이 안 맞아 두꺼비 의미가 담긴 다른 글자를 찾아 이름 지었다.

"두껍아, 두껍아, 헌 집 줄게, 새집 다오."

어릴 적 흙장난하면서 손등에 흙을 쌓아 다지고, 흙집을 지을 때 부르는 노래다. 이런 노래를 부르면 신기하게도 흙이 무너지지 않고 집이 잘 지어졌다. 이는 주문을 외듯이 어떤 일이든 최선을 다하면 일이 잘된다는 교훈을 주고 있다. 두꺼비가 믿음직할 뿐만 아니라, 매사 서두르지 않고 신중하여 그럴 것이다. 정화수 떠놓은 장독대에 두꺼비가 나타나곤 한다. 그래서 두꺼비는 민간신앙에서 긍정적인 이미지를 주는 면이 있다.

두꺼비가 인간에게 해를 끼쳤다는 말은 들어보지 못했다. 또한, 인간도 두꺼비에게 해를 끼치지 않는다. 개구리는 사람을 보면 폴짝 뛰며 도망가는데, 두꺼비는 사람을 힐끗 보고도 덤덤하게 제 갈 길을 간다. 어쩌다 실수로 건드려도 공격 자세를 취하지도 않으며, 괜찮다는 듯 눈만 껌뻑껌뻑한다. 예부터 우리는 두꺼비를 길조로 여겨 위해를 가하지 않았는데, 두꺼비가 수난을 겪고, 나도 수난을 겪었던 일화가 있다. 군시절 이야기다.

봄이 무르익을 즈음, 해빙으로 무너진 참호 보수 작업 중이었다. 참호 안 수류탄 구멍 속 흙을 퍼내던 중 물컹한 뭔가가 집혔다. 흙을 살살 걷고 보니, 뜻밖에도 어린 두꺼비 십여 마리가 옹기종기 웅크리고 있었다. 순간, 한 병사가 흙을 툭툭 털더니 한 마리를 꿀꺽 삼켰다. 그는 내게도 먹어 보라고 권했다. "아니, 제정신?" 거부하자, 그는 서슴없이 한 마리를 더 꿀꺽 삼켰다.

그 장면을 목격한 중대장이 즉시 완전군장으로 전원 연병장에 집합시켰다. 우리는 영문도 모른 채 군장을 갖추고 연병장에 모였다. 구보 구호는 선창 "두꺼비!", 후창 "먹지 말자!"였다. 중대장은 훈련 중 함부로 야생동물을 먹었고, 이를 말리지 않은 모두가 연대책임이라고 했다. 말리기도 전에 날름 먹었다고 했는데, 변명이 통하지 않았다.

두꺼비를 먹은 병사는 양양 출신 후임병인데, 어릴 적 아버지와 두꺼비를 먹었다고 했다. 그날 연병장을 20바퀴를 뛰고 모두 기진맥진했지만, 그 병사만 멀쩡했다. 실제로 그는 전투 체육의 날 팔씨름 대결에서 늘 1등을 했다. 그것이 두꺼비의 약발과 관련이 있는지는 알 수 없는 일이다. 다만, 정체불명 음식에 탈이 나면, 지휘관의 책임인 것은 확실하다.

예전에 처마 밑에 전기계량기 장치와 함께 '두꺼비집'이 있었다. 지금은 누전차단기라고 하지만, 당시는 네모 사기그릇 모양의 작은 함에 납으로 만든 휴즈를 2개 연결했다. 과부하 전기가 흐르면 휴즈가 녹아 전원이 차단되어 누전으로 인한 화재를 예방하기 위한 장치이다. 사기 모양 함이 두꺼비처럼 생겨서 그럴 것이고, 두꺼비가 집을 안전하게 지켜준다는 민간 신앙적 익미도 있을 것이다.

이렇듯 두꺼비는 안전과 듬직함의 상징으로 우리 생활에 깊숙이 등장한다. 두꺼비 같은 손, 떡두꺼비 등은 남성의 굳센 이미지를 나타낸다. 또, 우리 전통 설화에도 두꺼비가 선한 이미지로 등장한다. 「콩쥐팥쥐전」에서 콩쥐는 구멍 난 독에 물을 채워야 했는데, 콩쥐의 딱한 사정을 안 두꺼비가 자신의 등으로 구멍을 막아줘서 물을 채웠다. 이 설화에서도 보듯이 두꺼비가 약자를 돕고 선을 행하는 상징으로 알려져 있다.

두꺼비는 개구리처럼 물에서 알로 부화하고, 올챙이 시절을 거치며 성장한다. 보이지 않는 곳에 살면서 해충을 잡아먹기도 하며, 자기의 본분을 다하는 모습으로 살아간다. 두꺼비는 개구리처럼 매끈한 피부도, 날씬한 몸매도 아니고 행동도 빠르지 않다. 하지만 인간에게 좋은 인상을 주는 것은 그들이 살아온 우직함이 돋보였을 것이다.

두꺼비들은 간혹 인간이 만든 도로를 횡단하다가 로드킬을 당하기도 한다. 도로가 원래는 그들의 삶의 터전이었을 것이다. 인간이 그들의 자리에 들어갔고, 그들은 살아온 본능대로 자기 터전으로 이동하였을 것이다. 그들이 살아가는 방식에 인간이 제동을 걸 자격은 없다. 두꺼비도 자신들의 터전을 지키며 안전하게 살 권리가 있다. 이제 우리는 그들과 더불어 자연의 일원이라는 공존의식을 가져야 할 때다.

DMZ 강원 속살 투어

 올여름 부부동반 친구 모임인 '지음회'는 해외보다 강원도 여행을 계획했다. 이번 여행의 화두는 '우리 강원도, 어디까지 알고 있나?'이다. 사실 사는 동네에만 관심이 있다 보니, 강원도 전체를 알기는 쉽지 않다는 의견이 나왔다. 특히, 우리 생활권이 아닌 강원 북부지역이 생소했다. 모두 수긍하여 DMZ 접경지대를 따라 1박 2일 투어를 하기로 하였다.
 8월 초, 토요일 새벽 6시에 강릉을 출발했다. 최근 유명세를 타고 있는 서울-양양 고속도로를 접어들어, 11km 양양-인제터널을 7분 만에 빠져나왔다. 우리나라 고속도로 최장 터널이고, 내부시설도 잘돼 있었다. 터널 전엔 비가 내리더니 터널을 지나자, 마치 신선의 세계로 들어온 듯했다. 비 그친 산은 더 푸르고, 내린천은 안개로 자욱하여 한 폭의 산수화를 그려냈다.
 강원 산하는 마치 여인이 얇은 속옷을 걸친 듯한 그야말로

'강원의 속살'이었다. 새로 지어진 내린천 휴게소의 시설과 '공중 부양 전망대'에서 강원 비경을 바라보며 감탄사를 연발하였다. 휴게소 식당이 휴가철 인파로 번잡하여 나들목을 나와 산골 두붓집을 찾았다. 그곳은 내가 양양 사진반 동호인들과 사진 여행 때 들렀던 식당이다. 손두부 전골을 먹었는데, 산골 분위기에 딱 어울리는 담백하고 순박한 맛의 아침 식사였다.

본격 DMZ투어의 첫 행선지 양구 해안 '펀치볼' 마을로 향했다. 내린천에선 이미 래프팅이 시작되었고, 활기찬 관광객과 급물살로 어우러진 역동적인 모습은 보기만 해도 가슴이 후련했다. 움직일 듯한 군인 동상들이 있는 '리빙스턴교'를 지나 서화면에 다다랐다. 일행 중 한 명이 군 복무 시절 근무했던 부대가 보인다며 손짓했다. 당시 여친이 시골 버스를 타고 산길을 돌고 돌아 면회 왔던 얘기를 하며 추억에 젖었다. 도대체 그 여친은 지금 어디서 누구와 살고 있는지 다들 궁금해했다. 그 여친은 그때 고무신을 거꾸로 신지 않았고, 지금 이차에 함께 타고 있다고 했다. 모두 안도의 박수를 보냈다.

양구 해안면에 도착했다. 통과절차를 거쳐 마침내 펀치볼 정상, 을지전망대에 올라 해안면의 넓은 들판을 바라보았다. 펀치볼은 한국전쟁 중 미 해병이 낙하산으로 침투할 때, 해안면이 마치 화채 그릇(Punch bowl) 같다고 했다는 유래가 있다. 해병대는 원래 해안(海岸)으로 침투하는데, 미 해병대가 왜 육지에 침투했을까? 양구 해안(亥安)지역이 바닷가인 줄 알았다는 믿거나 말거나 하는 이야기도 들었다.

　북한 땅이 보이는 전망대에서 "국군을 유혹하기 위해 북한 여군이 선녀폭포에서 목욕을… 했지 말입니다." 해설 사병의 설명을 들으며 기념촬영도 했다. 펀치볼을 떠나면서 펀치볼 마을의 넓은 농장과 양구의 수려한 경관 두타연의 경치에 감탄하였다. 이어서 양구 '제4땅굴'을 체험하고, 화천 평화의 댐에서 분단된 우리나라의 아픔과 안보의 현실을 보았다.

　화천방면 '딴산폭포', '꺼먹다리'를 지나 마침 점심시간이 되어, 한 음식점에서 메밀국수 '초계탕'을 먹었다. 닭을 주재료로 한 초계탕이라는 음식은 모두 처음이었고, 북한식 음식이라는 데서 전방에 왔음을 실감했다.

　우리는 초계탕을 먹고, 후식으로 손 커피를 마시며 고즈넉한 북한강 위에 둥둥 떠 있는 데크 산소길을 걸었다. 물 위로 걸으면서 역시 화천은 물의 나라라는 게 실감 났다. 세계만방에 떨친 '화천 산천어축제'가 겨울 얼음 위에서 열리고, 며칠 후 북한강 물 위에서 '쪽배축제'가 열린다고 한다. 화천 사내면에서는 '토마토 축제'가 진행 중에 있었다.

　철원으로 가는 길목 사내면의 용담계곡에는 수많은 피서객이 들어차 있어 여름 휴가철임을 말하고 있었다. 강원 산하를 즐기면서 마침내 철원에 도착했을 때, 모두 출출한 배를 안고 청정 DMZ 인근에서 키운 민통선 한우 맛을 보았다. 철원 한우는 강원도의 횡성한우와 더불어 맛으로 유명한 브랜드이다. 청정지역의 한우답게 육질이 연하여 입에 살살 녹았다. 숙소에 들자 창밖으로 보이는 한탄강의 수려한 경치가 보였다. 한탄강 정취의 속살이 우리의 마음을 파고들었다.

다음 날 새벽, 일행이 아직도 자는 동안 나는 카메라를 들고 철원 코스모스 축제장을 들렀다. 철원 들판의 일출과 코스모스 축제장을 산책하며 벌써 가을을 느꼈다. 숙소에 돌아와 아침 식사 후, 철원 투어의 첫 코스로 의적 임꺽정의 은거지이자 국민관광지 '고석정'을 들렀다. 한탄강의 중심이며 주상절리, 10여m 높이의 현무암 절벽이 장관인 여길 못 봤다면 후회했으리라는 생각이 들었다.

이어서 승일교. 이 다리는 북한에서 러시아식 아치공법으로 동송 쪽을 건설하고, 한국전쟁 이후 남한에서 갈말 쪽을 완성하여 남북한 공동건설 교량이 되었다고 한다. '승일교(昇日橋)'라는 명칭은 이승만의 '승'자와 김일성의 '일'자를 조합한 것이다.

인근에 우리나라에서는 보기 드물게 가로 방향의 '직탕폭포', 일명 한국의 나이아가라에서 기념촬영을 하였다. 드넓은 철원평야를 보면서 역시 좋은 땅에서 좋은 철원 오대쌀이 생산됨을 알게 되었다. 조금 지나서 국보 제63호 불상과 보물 제223호 석탑을 간직한 신라시대 유서 깊은 사찰, '도피안사'에 들러 모두의 안녕을 기원하며 기도했다.

이어서 전쟁 전 악명높은 북한관공서였던 노동당사로 향하였다. 노동당사는 아직도 전쟁의 참화를 그대로 보여주고, 그때의 고통에서 벗어나지 못하고 신음하고 있었다. 수많은 총탄과 포탄 자국이 벽에 그대로 남아 있었고, 날아간 지붕과 무너진 벽들이 처참한 몰골로 다시는 이 땅에 전쟁이 없어야 함을 알려주었다. 철원의 마지막 코스, '삼부연 폭포'도 관광했다. 양구, 화천, 철원으로 이어지는 DMZ 속살을 보며 국토분단의 아픔을 체험했다.

 그 아픔을 뒤로하고 호반의 도시, 막국수·닭갈비의 도시 춘천으로 향하였다. 우선 가장 인기 있는 소양강 스카이워크를 밟았다. 다리 위 투명한 바닥 아래 손이 잡힐 듯 소양강이 흐르고, 멀리 소양강 처녀상이 손짓으로 유혹하고 있었다. 점심시간이 되어 춘천 근무 때 평소 갔던 숯불 닭갈비 집을 들렀다. 맛있는 숯불 닭갈비를 먹고, 후식으로 막국수도 맛보았다. 이 식당이 닭갈비와 막국수의 고장 춘천임을 확실하게 말하고 있었다.

 춘천에 온 이상 구봉산의 커피 거리를 그냥 지나칠 수가 없었다. 스카이워크 입장 때 돌려받은 춘천 상품권으로 한 시간 줄 선 끝에 커피를 배급(?)받았다. 우리는 확 트인 춘천 시내와 소양강의 경관을 보며 커피 맛을 즐겼다.

 돌아가는 길로 춘천 북쪽 길을 지나 구성포·동홍천IC를 통과했다. 출발지인 강릉에 돌아왔을 땐, 이미 저녁 시간이 되었다. 유명한 사천 물회 거리에서 시원한 물회로 피로를 풀고, 1박 2일 DMZ 강원 속살 투어를 마무리하였다. 강원 속살은 상상 이상으로 짜릿하였다. 우리는 해외여행 이상의 보람과 가치를 느끼게 한 뜻깊은 '토종 여행'이었다고 모두 입을 모았다.

눈

2024년 1월, 강원동계청소년올림픽대회 빙상경기가 강릉에서 열리는 중이다. 개막식까지 포근하고 눈도 안 내려 겨울 느낌 없이 맨숭맨숭하다. 눈 뭉치를 형상화한 캐릭터 '뭉초'만 외롭게 겨울을 외치고 있지만 역부족이다. 그런데 개막식 이틀 후, 마침내 눈이 내려 겨울 축제를 축복으로 살려냈다. 경기장 주변이 겨울왕국으로 변해, 눈 없는 나라에서 온 선수들은 탄성을 질렀다. 대관령을 중심으로 강릉에서 빙상경기, 정선·평창에서 설상 경기가 열린다.

2018년 평창동계올림픽 때도 눈은 겨울 정취를 잘 살려 주었다. 당시 대관령을 비롯해 주변에 많은 눈이 내려 분위기를 북돋웠다. 대회의 중심에 있는 대관령은 눈이 많은 곳이다. 특히 백두대간 선자령의 눈은 장관이어서, 많은 등산객이 눈을 헤쳐가며 오른다. 구 대관령휴게소에서 시작하는 겨울의 선자령 풍광은 정상까지 이어지는 눈의 왕국이다. 능선을 따라 왼쪽엔 양떼목장 설경, 오른쪽은 눈 쌓인 소나무 설경이 장관이다. 능선 위의 하얀 전기 풍차는 눈과 어우러져 이국적 풍치를 자아낸다. 상고대로 장식한 숲은 동화 속의 눈의 나라다. 태고시대 설국이 바로 이런 풍경이었을 것이다.

실제로 세찬 눈바람을 안고 선자령을 오른 적이 있다. 황홀한 설경이 눈을 즐겁게 했고, 힘든 발걸음을 녹여 주었다. 눈앞에 눈만 보여, 속 깊이 잠자던 '눈의 추억'을 깨워 주었다.

눈 추억은 누구나 간직하고 있을 것이다. 눈이 현실에선 치워야 하는 대상이지만, 어릴 땐 추위에 움츠린 몸을 생기발랄하게 해주었다. 그때, 눈 추억의 대표선수는 눈사람이다. 눈사람을 만들어 나를 그 속에 구겨 넣고 싶었다. 눈사람은 크고 듬직해서 날 포근하게 안아 줄 것만 같았다. 지금도 눈 오는 거리에 눈사람이 간혹 보이는데, 각박한 세태를 피해 어릴 적처럼 그 안에서 쉬고 싶은 충동이 들곤 한다.

특별한 놀이가 없던 어릴 적, 눈 위를 강아지처럼 뛰고 온몸으로 굴렀다. 비료 포대 눈썰매를 타면서 엉덩방아를 찧어도 아프지 않았다. 그런 추억으로 몇 년 전 태백산 눈 등산 때, 일행 모두 비닐 포대를 준비해 갔다. 하산길에 미끄럼을 타고 내려오면서 각자의 마음속에 묻혀 있던 추억을 맘껏 파헤쳤던 적이 있다.

눈은 신나는 놀이를 만들어 주기도 했다. 그 시절 스무 명도 넘는 마을 아이들은 편을 나누었다. 양편은 적당한 거리에 눈덩이로 벽을 쌓고, 그곳을 전쟁 진지 삼아 눈 뭉치를 던졌다. 지금 올림픽 캐릭터 '뭉초'가 바로 그 눈 뭉치를 형상화한 것이다. 어느 쪽이든 눈 진지가 무너지면 전쟁이 끝났다. 요즘 아이들은 컴퓨터나 스마트폰으로 전쟁게임을 하지만, 당시 우리는 눈을 던지며 눈싸움 놀이를 했다. 게임 중 눈 뭉치를 한 방 맞으면 얼얼하긴 해도 다치지는 않았다. 눈 진지는 햇빛에 녹으면 그만이고, 쓰레기가 전혀 남지 않는다. 그때 우리는 지구의 미래를 내다보고 쓰레기 남지 않는 '친환경 게임'을 미리 해 본 것일까?

이런 눈 추억이 많지만, 정작 눈 때문에 생긴 강한 추억은 딸 백일 때의 기억이다. 백일 전날 눈이 오기 시작하여 3일간 150cm나 내렸다. 여러 날 교통이 두절 되었고, 백일잔치도 일주일 후 치렀다. 장모님은 백일 떡을 안고 택시로 출발했다가, 눈 때문에 도로 귀가했다. 결국, 그 백일 떡을 이웃에 나눠주고 나중에 다시 장만해야 했다. 눈이 두 번의 백일 떡을 만든 만큼, 사람들에게 축복도 두 번 주었으리라.

지인 아들 결혼식의 경우는 우리보다 더 난감했다. 신부 쪽 사돈이 아침 일찍 울진에서 강릉으로 출발했는데, 중간인 삼척쯤에서 폭설에 길이 막혀 도로 돌아갔다. 예식장 예약 관계로 무려 석 달 후 결혼식을 올렸다. 비용은 말할 것도 없고 마음고생이 컸다. 눈이 결혼식을 지연시켰지만, 정작 그 주인공들은 아들딸 잘 키워 행복하게 살고 있다. 열심히 살아 눈의 재앙을 축복으로 승화시켰다.

나는 이팝나무꽃, 메밀꽃, 개망초꽃과 같은 하얀 꽃을 좋아한다. 하얀 꽃은 눈처럼 순수하고 맑아서 좋다. 이들은 시나 소설에도 많이 등장한다. 이효석은 메밀꽃을 보고 소금을 뿌린 것 같다고 했다. 나도 이효석의 고향 평창 봉평에서 메밀꽃을 보았는데, 푸른 잔디에 막 내린 눈이라고 표현하고 싶었다.

눈이 내리면 각박한 세상을 채색하고 우리 마음도 정화시킨다. 자연이 자연을 파괴하거나 쓸어버리는 경우가 많지만, 눈은 자연을 채색하여 운치를 더하여 더 아름다운 세상을 만든다.

밤새 내린 눈 위에 해 뜨면 눈과 햇살이 서로 반응한다. 같은 하늘에서 온 햇살과 눈은 서로를 시기하면서도 빤짝빤짝 눈부시다. 이렇게 눈은 자연과 조화를 이룬다. 그래서 사람들은 시와 글로 또는 사진과 그림으로 눈을 표현한다. 눈은 우리의 정서를 파고들며 감성을 자극하여 삶의 질을 높인다.

내가 읽은 눈 표현 중의 백미는 백석의 시 「나와 나타샤와 흰 당나귀」이다.

서울 성북동, 법정 스님이 창건한 길상사에 간 적이 있다. 길상사는 백석을 사랑한 마담 김영한의 요정이었는데, 백석을 위해 요정을 통째로 사찰로 시주했다. 그 인연으로 경내 한편에 백석의 시비가 있다.

(중략) 나타샤를 사랑은 하고
눈은 푹푹 날리고

나는 혼자 쓸쓸히 앉아 소주를 마신다 (중략)

나타샤와 나는
눈이 푹푹 쌓이는 밤 흰 당나귀 타고 (하략)
- 백석, 「나와 나타샤와 흰 당나귀」 중 일부

나타샤가 누구인지는 시를 쓴 백석만이 알 것이다. 암울한 세상을 눈이 푹푹 내리는 밤으로, 흰 당나귀와 흰 눈을 동경하는 세상과 대비시켰다. 시에 눈을 담아 강렬하게 표현하여, 읽는 사람에게 깊은 인상을 남겼다.

눈은 보는 순간 우리 눈에 스민다. 스며든 눈은 엷고 약한 듯하지만 강인함을 품고 있다. 눈은 강하지만 평온하다. 눈이 쌓여 평안한 풍경을 만들면 우리 마음은 안정된다. 눈이 준 안정된 마음은 우리 모두를 더 강하게 만들어 줄 것이다.

일본 돗토리현 여행기

　학창시절 친구들 모임인 '해솔회'에서는 올 여행 스케줄로 일본 여행을 가기로 했다. 이번 여행은 강원도와 자매결연을 맺은 가까운 나라 일본의 '돗토리현'이다. 예순을 넘긴 초로의 친구들은 추억 만들기 여행에 마치 수학여행 가는 아이처럼 며칠을 들떠 있었다.
　돗토리현은 조선시대에 일본 어부들이 울릉도·독도를 무단 침입하여 수렵하며 드나드는 것에 분노하여 군졸 안용복이 그곳을 찾아가 울릉도·독도가 우리 땅임을 현지 관리로부터 문서로 확인받은 곳으로 알려져 있다. 또한, 인근 시마네현에서 다케시마의 날을 운용하여 우리를 자극하는 반면, 돗토리현에서는 우리 강원도와 우호적 관계를 유지하여 일본 극우단체에 미움을 사기도 했던 지역이라 한다.
　우리는 출발일 오후 6시, 일본행 크루즈에 몸을 실었다. 크루

즈는 동해 묵호항을 출발하여 장장 14시간의 망망 동해바다를 통과하는 여행길에 올랐다. 배 안에서 그냥 있을 수 있으랴. 준비해 간 소주를 몇 순배 돌리고, 밀린 이야기로 밤을 새웠다.

그러다 잠깐 눈을 붙이고 깨어보니, 다음 날 새벽 6시. 망망대해에서 처음 보는 붉은 여명과 함께 뜨는 일출은 장관이었다. 평상시에도 부지런을 떨지 않으면 보기 힘든 일출을, 배 위에서 그것도 해외에서 본 것은 큰 득템이었다. 선내식사 후 9시경, 돗토리현 서부 '사카이 미나토항'에 도착하였다. 나도 그렇지만, 일행 중 몇 명을 빼고는 모두 일본 땅을 처음 밟았다.

돗토리 명칭 유래는 옛날, 말 못 하는 왕자가 있었는데, 이 지역 방문 중 날아가는 새를 보고 "저 새가 무슨 새냐"라고 최초로 말문을 열었다. 이에, 왕이 신하를 시켜 그 새를 잡아 오게 한 후, 새를 잡는다는 의미로 이 지방을 돗토리(鳥取)라고 부르게 했다는 가이드의 설명이다.

첫 코스는 일본의 유명 만화가 시게루의 고향인 미즈키 사카이 미나토에 있는 '미즈키 시게루 로드'이다. 그가 그린 만화의 주인공 요괴 200여 개의 형상이 전시되어, 마치 요괴의 나라에 온 듯한 기분이었다. 과연 캐릭터를 산업으로 발전시키는 일본인의 노력과 기지에 감탄하였다.

이어 방문한 '마츠에성'은 일본 전국시대 '호리오 요시하루'가 지은 성으로, 콘크리트에 엘리베이터가 설치된 오사카성과 달리 목재 원형이 잘 보존되어 일본 국보로 지정되어 있는 곳이다. 성을 감싸 안은 호리카와강을 돌며 유람선을 타고 여러 개의 다리 밑을 지나가는데, 재밌는 것은 일본인 사공이 "수구리~"라고 외치면, 배 지붕이 낮아지면서 지붕에 머리를 부딪치지 않기 위해 모두 머리를 수그려야 했다. '수구리'가 궁금하여 물어보니 '수그려라'라는 한국말이라 한다. 관광객의 불편을 감수하면서, 오래된 전통다리를 건들지 않고 배의 지붕을 조절하는 그들의 지혜에 감탄했다.

호리카와 강을 통과하는 주변 풍경은 단풍과 어우러진 전통가옥들로, 누가 아니라고 우겨도 일본 모습일 수밖에 없는 풍경이 그대로 다가왔다. 오랫동안 전통가옥을 잘 보존하여 관광자원으로 활용하는 그곳 사람들이 대단했다.

숙박하고 3일째, 전형적인 중국풍의 '엔초엔 정원', 중국 허베이성의 자재와 중국 현지기술로 건설된 일본 최대의 중국 궁중 스타일의 정원이다. 마치 중국의 한 지역을 방문한 것 같은 느낌이다. 모방을 넘어 남의 것을 자신의 자산으로 둔갑시켜 이윤을 극대화하는 노력이 부러울 따름이다.

다음은 이번 여행의 하이라이트 '돗토리 사구'는 일본 내륙지방에 있는 사막으로 수만 년 동안 모래가 파도에 떠밀려 쌓인 16km 길이의 모래 언덕이다. 사막 가운데 오아시스도 있고, 낙타도 보여 마치 사막에 온 기분이었다. 나무가 자랄 수 없는 황무지를 관광자원으로 탈바꿈시킨 현지인들의 노력은 본받을 만하였다.

그 사막에서 사진 촬영에 열중하다가 일행에서 이탈하여 고생 끝에 만나 곤욕을 치렀다. 기다리는 친구들에게 사죄하고 여행을 계속하였다. 친구들의 너그러움이 아니었다면, 즉시 본국으로 추방되었을지도 모를 일이었다.

그 외 전통 카페에서 맷돌로 빻은 커피를 맛보았고, 소박한 공방을 들러 '나만의 나무젓가락' 만들기 체험도 하였다. 재미난 체험을 한 후, 일본 전통 과자를 만드는 과자의 성지, '고토 부키성'을 들렀다. 전형적인 일본성을 본뜬 건물에 수많은 종류의 일본 과자를 만들고 판매하는 곳이다. 다양한 시식코너와 유리창을 통해서 만드는 과정도 볼 수 있게 관광 볼거리로 꾸며 놓았다. 비싸지 않고 선택의 폭이 넓어 일행들은 일본 방문 기념으로 몇 봉씩 구입하는데 주저하지 않았다.

사카이 미나토 항구로 가는 도중 앞에 가던 차가 신호에 갑자기 멈추자 우리 차도 동시에 급정거하여 모두 놀랐다. 기사는 우리에게 "스미마셍(すみません:미안합니다.)"을 두 번 정도 말할 뿐, 앞차에 대한 불평은 한마디도 안 했다. 문득 같은 상황일 때, 앞차를 보고 육두문자로 불같이 화부터 내는 우리의 경우와 비교되었다.

4일째, 다시 동해 묵호항을 통해 귀국하였다. 귀국선에서 모두는 색다른 곳의 색다른 체험에 만족하였다고 입을 모았다. 이번 여행을 통해서 본 일본은 선뜻 마음 주기 어려운 나라지만, 가을 수확의 들판, 감나무와 단풍든 산하는 마치 우리 고향 마을과도 같아 정감이 갔다. 대하는 사람마다 반가이 맞는 몸에 밴 친절성, 잘 보존된 전통가옥, 무단 주차 없는 정갈한 거리도 맘에 들었다. 중형차보다 경승용차가 많이 다니는 소박한 모습들도 참신했다. 일본이 가까우면서도 먼 나라라고 하는데, 이제는 서로 대의적으로 대하여 더 가까워지면 좋겠다. 이번 여행은 일본이라는 나라에 대해 많은 점을 생각하게 하는 의미 있는 여행이었다.

6

아름다운 곳을 향하여

커피의 시간

몇십 년 만에 최고기온을 갈아치운 올여름, 극성스러운 폭염을 피해 시원한 해변을 찾았다. 요즘 뜨는 핫 플레이스 강릉 안목해변이다. 인근 죽도봉의 솔향이 상큼하고, 항포구의 비릿한 바다 내음이 해풍에 신선하다. 눈길을 돌리자 해변의 카페 거리에서 풍기는 커피 향이 손짓한다. 거리 초입, 파란 지붕에 하얀 벽을 두른 건물이 시선을 사로잡는다. 이국적이다. 지중해 파란 바다에 하얀 파도 넘실대는 그리스 산토리니의 풍치를 자아낸다.

여기 포구는 예부터 선술집 풍의 횟집과 조개구이집이 많았고, 외지인보다 인근 사람들이 즐겨 찾던 곳이었다. 식사와 술 한잔한 사람들을 위해 식당 주변에 커피 자판기 몇 대 정도 있었다. 1990년대 말, IMF사태로 어깨 처진 사람들이 일출을 보러 오기 시작했고, 그들은 자판기 커피를 마시면서 일출을 가슴에 담고 희망을 염원했다. 이후 자판기 숫자가 늘고 커피는 고급화되었다. 점차 커피 전문점이 들어서면서 안목해변은 전국적인 커피 거리로 탈바꿈했다. 커피는 청춘을 불렀고 젊음은 이 거리를 뜨겁게 만들었다.

안목을 뒤로하고, 피톤치드 쏟아지는 해송 숲을 거닐다 보면 어느덧 강문에 다다른다. 여기도 예전보다는 많은 카페가 들어서 있고 유명 프랜차이즈 'S업체'도 보인다. 지역 카페가 즐비한 틈새에 글로벌 카페도 한몫하며 거리 분위기를 고조시킨다.

경포에 당도하여 강릉의 대표 커피업체인 'T업체' 분점에 들렀다. 무채색의 콘크리트 벽으로 쌓여 감옥 분위기를 풍기는 독특한 건물이다. 오래전 강릉 외곽 구정면에 있는 이 업체 본점에 가 본 적이 있다. 커피 원두 포대에 앉아 작은 음악회를 감상하며 커피를 맛볼 수 있는 곳이었다. 널브러진 포대에 자유분방하게 앉아 핸드드립 커피를 마시며, 라이브 음악을 감상한 커피의 시간이었다. 지금은 대형 기업 카페가 되어 지역에 있는 'B업체'와 강릉 커피의 양대산맥을 이룬다. 그때 '케냐 AA' 핸드드립 커피를 처음 맛보았다.

창 너머 경포호수를 바라보며 상념에 잠기자 지난날 접한 커피의 시간이 모락모락 피어올랐다. '커피'라는 음료를 처음 안 것은 중학교 때였다. 오락시간으로 운동장에 전교생이 모인 자리였다. 선생님의 지도로 한 반에 한 명씩 나와서 노래를 부르게 되었는데, 우리 반 친구가 「커피 한 잔」이라는 노래를 불렀다. 듀엣 가수 '펄시스터즈'의 노래이다. 다른 학생들은 음악 시간에 배운 노래를 불렀지만, 그 친구만 당돌하게 대중가요를 불렀다. 당시 대중 인기곡이었고, 그때 '커피'라는 음료가 있다는 것을 처음 알게 되었다.

사회생활을 하면서 커피가 인간관계에서 필수 매개체라는 것을 알았다. 사회적 관계는 술로 주로 맺어지지만, 커피를 통해서 이루어지는 경우도 많다. 사업 관계, 이성과 만남도 커피가 맺어주기도 한다.

'T업체'에서 커피를 맛본 후 강릉 커피의 또 다른 산맥 'B업체'를 찾았다. 여기선 내가 평소 즐기는 '에티오피아 예가체프' 커피를 주문했다. 노(老) 바리스타가 직접 커피를 내려주는 모습을 볼 수 있었다. 대한민국 바리스타 1세대라는 유명세를 가지고 계신 분이다. 매일 매장에 나오지는 않는데, 그날은 그분의 작업을 보는 행운을 맞았다.

로스팅된 원두를 그라인딩한 후 여과지에 담아 물을 붓는다. 커피 가루에 물이 떨어지면 안경 너머 시선은 서버에 떨어지는 커피 방울에 집중한다. 물방울 소리와 은은한 커피 향은 시간과 공간을 넘나든다. 적막한 시공을 가르는 숨 멈춤의 긴장이 교차하면서 커피는 고귀한 작품으로 탄생한다. 핸드드립 커피의 진수이다. 명인이 내린 커피 향과 정성을 음미한다. 단맛일까, 쓴맛일까? 깊은 맛, 아니면 묵직한 맛? 이 분야 전문가들은 이런 맛의 묘미를 '바디감(body感)'이라고 한다. 바디감까지는 몰라도 나의 커피 맛은 시간을 돌고 돌아 인생이라는 여과지를 거쳐 내 입맛에 달라붙을 것이다.

　이왕 내친김에 '커피 박물관'을 찾았다. 강릉 커피의 또 다른 주류인 'C업체'에서 운영하는 박물관은 커피 주문과 함께 관람할 수 있는 곳이다. 지금은 경포에 있지만, 초기엔 강릉 왕산면 깊은 산속에 있었다. 커피나무 농장을 끼고 카페를 함께 운영했다. 그때 비닐하우스에서 재배하는 커피나무 화분과 우리나라 최고령 커피나무도 관람하며, 그곳에서 키운 알갱이로 만든 커피 시음도 했다. 보기 드문 국내산 원두커피 맛을 본 것이다. 그때 무료로 받은 커피 묘목을 몇 년 키웠는데, 어느 겨울 동사했기에 묘목도 다시 살 겸 들렀다.

　이번엔 최근 내 입맛을 사로잡은 '과테말라 안티구아' 커피를 주문하여 음미했다. 1층부터 3층을 거닐며 커피 로스팅 기구, 그라인더 종류, 드립 도구, 커피잔 등 오랜 세월을 거친 '커피의 시간'을 함께 했다. 들러 볼만한 곳이다. 관람을 마치고 커피나무 묘목을 2개 샀다. 이번엔 잘 키워서 내 손으로 원두를 따는 체험도 해 봐야겠다. 과연 빨간 원두가 달릴 때까지 제대로 키울 수 있을까? 원두를 쉽게 딸 수 있을까?

　에티오피아 원주민이 커피 원두 따는 모습을 TV에서 본 적이 있다. 우리가 커피를 즐기는 속내에는 커피 산지 원주민들이 열악한 환경에서 손이 부르트도록 원두를 따는 고충이 있다. 우리가 커피 한잔 마실 때 적잖은 금액을 지불하지만, 그들의 보수는 일당에 턱없이 부족한 수준이라고 한다. 원주민의 낮은 임금과 중간단계의 이익은 공정하지 못한 과정이라는 것이다. 그래서 세상은 '공정무역'을 통하여 이를 해소하려 노력한다고 한다. 그들이 공정한 대가를 받을 때, 우리는 커피를 제대로 즐기게 될 것이다.

서양사람들이 오래전부터 커피를 기호 식품으로 즐길 때, 우린 근대까지 감자, 옥수수와 같은 구황작물을 경작하며 생계를 걱정해야 했다. 커피는 조선후기에 '가배(咖啡)'라고 부르며 우리 생활에 스몄고, 격랑의 세월을 거치면서 커피도 많이 변화하였다. 경제발전에 힘입어 생활의 질이 나아지고, 마침내 커피는 우리의 일상에 중요한 자리를 차지하게 되었다. 이제 커피가 숨 가쁜 일상에서 우리에게 잠시라도 휴식을 주는 활력소가 되었으면 하는 바람이다.

(『수필문학추천작가회』 제31회 2023년 사화집.)

건너야 할 강, 팬데믹

그때는 IMF가 터졌다고 했다. 갑자기 정리해고된 사람들이 거리로 나왔다. 가족 몰래 회사가 아닌 산으로 출근한 사람도 있고, 하루 생계가 절박한 사람은 인력 시장에서 줄을 서야 했다. 또 어떤 사람은 한 끼를 때우려 무료급식소에서 줄을 섰다. 안타깝고 눈물겨운 줄이 20년도 더 지나 다시 보이기 시작했다. 구직도 끼니 때우기도 아닌 단지 마스크를 구하려고 선 줄이다.

이번엔 코로나가 터졌다고 했다. 뭔가 터지면 한국 사람들은 줄을 선다. 2020년 설 무렵, 중국 우한 폐렴이 우리나라에 상륙하였다. 모두 독감 정도로 생각하며 설 연휴를 보냈는데 그게 아니었다. 증상 확진자가 하루 몇 명씩 나오더니 몇백 명… 몇천 명…. 2년이 지난 지금 하루 만 명을 훌쩍 넘었다. 확진자뿐만 아니라 중증 환자와 사망자도 계속 늘면서 팬데믹이 되었다. 이 팬데믹 강물은 이미 우리의 발바닥을 적시고 있었다.

우한 폐렴은 '코로나19'로 명칭이 바뀌었다. 정부와 국민이 미처 준비도 하기 전에 한 종교단체에서 대량 감염자가 나오면서 우려가 현실로 다가왔다. 모임 제한, 2m 거리두기, 마스크 의무 착용이 시행되었다. 나도 서랍 속에 잠자던 천 마스크를 꺼내 썼다. 그런데 KF94라는 방역 마스크를 써야 효능이 있고 약국에서만 판다고 했다.

나는 약국으로 달려갔다. 그런데 이미 매진이었다. 뒤늦게 절박함을 깨달았으나, 그 어디에도 내 몫의 마스크는 없었다. 언제 또 공급될지 모른다고 했다. 그날 마스크 품귀 현상 뉴스가 나오더니 다음 날엔 마스크 품절, 또 다음 날은 마스크 대란이라고 했다. 시내 약국을 다 훑고, 시외 지역을 가 봤지만 역시 없었다. 이제 어떡하지? 썼던 천 마스크를 빨아 쓰고 또 빨아 쓰는 수밖에 없었다.

TV 뉴스를 알뜰히 봐야 했다. 새로운 정보를 놓치면 코로나 미아가 될 수도 있기 때문이다. 급기야 하루에도 몇 번씩 코로나 재난 문자가 휴대폰에 날아왔다. 이러다가 코로나바이러스가 휴대폰에 날아올까 겁났다. 긴박 상황이 이어지더니 마스크가 공급된다는 소식이 날아왔다. 제일 큰 약국으로 달려갔다. 이미 줄이 100m도 넘게 늘어져 있었다. 다른 약국에 가서 줄 섰지만 내 차례가 오기도 전에 매진됐다. 쓰던 마스크를 또 빡빡 빨아야 했다.

다음 날, 시골 약국으로 갔다. 문을 열기도 전인데 10여 명이 줄을 서 있었다. 그래, 이 정도는 감수해야지. 30분을 기다린 끝에 5장을 받았다. 그 이상은 안 팔아 배급받는 기분이 들었다. KF94라는 방역 마스크를 쓰자 기분이 상쾌했고, 세상을 다 얻은 듯했다. 5일 후 땟거리가 떨어졌다. 이번엔 시내 약국을 패싱하고 곧바로 시골 약국으로 달려갔다. 줄이 전보다 더 늘어져 한 시간을 기다려서야 살 수 있었다. 마스크 구입이 절박해질수록 모두는 인내력을 키워야만 했다.

　TV를 켜면 마스크 뉴스가 젤 먼저 나왔다. 도대체 그 흔하던 마스크는 몽땅 어디로 간 것일까? 온갖 추측이 난무했지만, 대한민국 국민은 위대했다. 추위도 아랑곳하지 않고 긴 줄을 서서, 마스크 구입에 최선을 다했다.

　그 얼마 후, 마른 샘에 물이 솟기 시작했다. 시청에서 마스크를 확보해 고령층, 소외계층에 나눠 주기 시작한 것이다. 이어 여러 단체에서도 발 벗고 나섰다. 고령층인 장인어른은 며칠 만에 한 달 치를 모았다. 외부 활동이 없는 장인어른의 몫은 고스란히 사위에게 넘어왔다. 쏠쏠히 사용하며 관련 기관·단체에 감사했다.

　숨통이 막 트일 무렵 희소식이 날아왔다. 전산시스템에 주민등록번호를 활용하여 요일별로 마스크를 공급한다는 것이다. 월요일은 출생연도 끝자리 1번·6번… 금요일은 5번·0번. 이제 무작정 마스크를 사냥(?)하러 다니는 고생을 하지 않아도 되었다. 요일에 맞춰 약국에 가면 줄을 안 서도 되고, 항상 마스크가 있었다. 시간 분산 효과이다. 우왕좌왕하던 혼란이 사그라들었다. 효율적인 정책, 훌륭한 시스템, 방역수칙 잘 지키는 국민을 보유한 대한민국은 참 좋은 나라다.

 이제는 은행이나 기업체에서도 사은품으로 마스크를 주기 시작했다. 80년대 명절 사은품으로 설탕을 받았던 생각이 났다. 그 시절 설탕이 대세였고, 지금은 마스크가 대세 아닌가. 마스크 많은 사람은 남에게 선물하기도 했다. 코로나 위중이 갈수록 심각했지만, 마스크에 온 힘을 쏟지 않아도 되었다. 마스크 착용은 불어나는 팬데믹 강물에서 장화를 신은 듯 안심이 되었다.

 이렇듯 마스크는 숱한 화제를 낳았다. 마스크 상용화로 감기·독감 환자는 오히려 줄었다고 한다. 평소 마스크를 쓰고 다니면 유별난 사람이라 했는데, 대기 오염과 코로나 세상에서 마스크는 필수품이다. 그러고 보니 얼굴을 복면 위장하고 운동하는 사람이 세태를 빠르게 읽는 선각자였다. 마스크에 고글, 방호복까지 입어야 하는 의료진은 방역의 굴레 속에 있다. 굴레 밖의 우리는 그들에게 경의를 표하고 감사의 표현을 아끼지 말아야 한다.

 코로나는 마스크 현상뿐만 아니라 우리 생활을 전반적으로 바꿔 놓고 있다. 거리두기와 비대면, 재택근무가 일상화되었다. 나도 평생교육원에 등록하고 집에서 비대면 온라인수업을 받았는데, 오가는 시간을 절약할 수 있었다. 화면에 보이는 윗옷만 잘 챙겨입고 아래옷은 신경 안 써서 좋았다. 수업 중 짧은 볼일도 보고 다른 일을 병행하는 요령도 피웠다. 대면 수업이었다면 바로 퇴장당했을 것이다.

직장인의 재택근무는 일과 삶의 균형을 바라는 현실을 앞당겼다. 일에 기울어진 삶을 코로나가 균형을 맞추고 있는 셈이다.

하지만 몇 가지 좋은 점으로 폐단을 가릴 수는 없다. 2년여 이런 상황이 이어지면서 서비스업종은 손님이 끊겨 휴업, 폐업이 속출했다. 여행운수업계, 영화관, 헬스장…. 이루 말할 수 없는 타격을 받아 안타깝다. 정부에서 재난지원금 등 지원책을 내놓고 있지만, 피해 보전에는 역부족이다. 그 틈새에 배달업체는 호황을 누린다고 하니 세상은 참 아이러니하다.

또, 학생들은 비대면 온라인수업으로 집중도가 떨어지고, 선생님의 집중 관찰이 필요한 학생에게는 큰 장애가 아닐 수 없다. 아이들의 환한 모습이 마스크에 가려지고, 성장기 활기가 방역수칙에 눌려 안타깝다. 신입생들은 입학식도 못 하여 '미개봉 중고 신입생'이라고 부른다니 서글픈 현실이다.

2022년 새해 들어 코로나 변종 '오미크론'이 기승을 부리며 팬데믹은 좀처럼 꺾이지 않았다. 팬데믹 강물은 점차 우리 발목 위까지 적시고 있다. 마스크 의존을 넘어 철저한 방역수칙 준수, 백신 맞기 등 개개인의 노력이 필요하다. 정부는 팬데믹 강을 안심하고 건널 수 있는 탄탄한 다리를 구축하여야 한다. 우리는 그런 시스템으로 코로나 사태를 극복하고, 이전의 행복한 일상생활을 기필코 되찾아야 한다.

(월간 『수필문학』 초회추천, 2022년 3월호.)

일출맞이

 매년 새해에 찾는 일출명소가 있다. 바다 일출을 가까운 곳에서 볼 수 있다는 것은 행운이다. 내가 사는 강릉은 새벽에 눈 비비고 나오면, 어디서나 바다 일출을 볼 수 있다. 강릉에서 일출을 볼 수 있는 곳은 거의 일출명소라고 보면 된다. 내가 즐겨 찾는 일출명소는 집에서 차로 10분 거리의 사천진리해변 '바위섬'이다. 더 가깝고 더 유명한 곳이 있지만 내가 비집고 들어갈 틈이 없다. 경포해변과 정동진이 그곳이다. 나는 그 두 곳을 멀리서 온 사람에게 양보한다. 사실은 내가 그들에게서 밀려났다고 하는 표현이 옳다.
 5년 전쯤 영월에 사는 누님, 매형과 함께 정동진 일출을 보러 갔다가, 중간쯤에서 일출 인파에 막혀 오도 가도 못 한 적이 있다. 결국, 차 안에서 야산 위로 뜨는 일출을 별 감동도 없이 보아야 했다. 최고 일출 장면을 보여주려 했던 내 야심은 한참 구겨졌다. 멀리서 온 극성 일출 팬들은 나를 밀어내고 명장면을 챙겨 갔으리라. 좀 더 일찍 나와서 기다리는 품을 팔았다면 가능한 일인데…. 그 후, 정동진 일출은 멀리서 온 사람에게 양보할 수밖에 없었다. 내가 그들보다 덜 부지런하다는 사실을 인정한 채.

이 일로 3순위의 사천진리해변이 나의 단골 일출 장소의 영광을 얻었다. 전후 사정이야 어떻든, 나는 그곳을 좋아한다. 집에서 10분 정도의 거리에 있고, 해변의 바위섬을 배경으로 뜨는 일출 장면이 꽤 괜찮은 편이다. 2순위는 집에서 차로 5분 거리의 경포해변이다. 경포해변이 제일 가까워서 좋지만, 그곳도 마찬가지로 외지인에게 양보했다. 당연히 1순위는 정동진이다.

정동진이 일출명소가 된 것은 해가 주변 배경과 어울려 멋지게 뜨는 이유도 있지만, 드라마 '모래시계'로 인기를 더해 전국적인 일출명소로 알려진 덕분이다. 드라마 덕에 정동진역과 역내 있는 소나무도 유명해졌다. 정동진역은 바다와 가장 가까운 역으로 기네스북에 올라 있다. 역내에 있는 소나무는 모래시계 드라마에 나온다. 드라마에서 여주인공 고현정이 형사들에게 잡혀가는 장면을 지켜보던 소나무이다. 그 소나무 이름이 '고현정 소나무'이다.

또, 서울 광화문에서 가장 동쪽에 있는 나루(正東津)라 하여 널리 알려져 왔다. 이는 조선시대에 정한 것으로, 요즘 과학으로 측정하면 동해시 어달동 대진마을이 정확한 동쪽이라고 한다. 거리상 15km 정도의 차이는 나지만, 당시 사람들의 판단이 놀랍다.

모래시계 드라마가 히트 친 1995년 전만 해도 정동진은 기차역이 있는 해변 정도였지만, 1997년 IMF가 터지면서 절망에 빠진 사람에게 희망을 주는 곳으로 각광 받았다. 당시 실직하거나 사업을 접고 파탄 난 사람들이 일출을 보면서 희망을 염원하기 위해 정동진을 찾았다. 영동선 열차를 타고, 자동차로 영동고속도로 새해 일출을 보러 온 사람들이 몰렸다. 이후 감동적인 사연들이 입소문을 탔고, SNS로 전파되면서 전국 최고의 일출명소로 자리 잡았다. 또한, 범선 조형물과 어울린 일출이 명장면으로 소문났다. 이는 사진작가들이 멋들어지게 촬영하여 많은 작품을 선보이며, 그 명성을 더했다.

또 다른 명소 경포해변은 교통이 유리해 많은 사람이 찾는다. 서울이나 수도권에서 영동고속도로로 바로 다다를 수 있는 곳이다. 주변에 경포대나 오죽헌의 유명 관광지가 한몫한다. 또, 넓은 백사장에서 축하 공연과 함께 일출을 즐길 수 있다. 일출을 본 후, 인근에 있는 횟집 상가와 초당두부 마을을 찾는다. 멀리 이동하지 않아도 출출한 새벽 공복을 쉽게 채운 수 있어 좋다.

해 뜨는 장면이라고 하는 일출은 전국 어디서나 볼 수 있다. 산이나 바다나 거의 비슷한 시간에 뜨지만, 그래도 동해 바다 수평선 위에서 가장 먼저 뜬다. 최고의 일출 장면은 푸른 바다 위 붉은 여명을 배경으로 뜨는 장면이라고 생각한다. 넘실거리는 파도에 비친 반영과 하늘의 여명으로 자연은 환상적인 장면을 연출한다. 이런 조건을 갖춘 곳이 동해안 해변 지역이고 그중 정동진과 경포해변이 으뜸이다. 게다가 동해안에는 이에 못지않은 일출명소가 여러 곳이 있다.

양양 하조대 정자에 오르면 애국가 일출 장면이 보인다. 불과 얼마 전까지만 해도, 극장에서 영화를 상영하기 전에 애국가가 영상과 함께 나온 적이 있다. "동해물과~ 백두산이~"로 시작하면서, 화면에 동해 바다 일출 장면이 나온다. 이때, 일출 배경의 바위섬에 소나무가 있는데, 그 소나무를 '애국송'이라 부른다. 사진작가들에게 널리 알려진 이름이다. 나도 사진에 몰두하여 카메라를 들고 다니면서 처음 알았다.

동해 추암의 촛대바위도 애국가에 나온 적이 있어, 추억의 일출 장면을 보러 많은 사람이 찾는다. 양양의 의상대와 소나무 사이, 고성의 옵바위 사이로 뜨는 일출도 환상적인 장면을 연출한다. 또, 포항 호미곶 '상생의 손' 조형물에 걸친 일출도 유명하다. 손가락 사이로 비치는 일출 장면이 볼만하다. 동해안 일출은 어디서 보아도 명장면이다.

산을 좋아하는 사람들은 새벽에 산 정상에서 보는 일출을 최고라고 한다. 대청봉, 지리산, 태백산 등 명산은 일출명소와 함께한다. 새벽 여명과 산 위에 잔잔하게 깔린 운무 사이로 떠오르는 해를 보는 사람들은 누구나 마음이 숙연해진다. 이는 바다에서 보는 장면과 또 다른 감동을 준다. 바다 일출은 넘실대는 파도에 간혹 갈매기의 날갯짓으로 역동적이다. 우렁찬 애국가의 첫 소절과 어울린다. 반면, 산 위의 일출은 은은한 수채화와 같은 서정적인 장면을 보여주어 보는 이의 마음을 편안하게 해 준다.

일출을 본다고 일상생활이 갑자기 달라지지는 않는다. 떠오르는 해를 보면서 마음가짐을 고쳐 잡는 데 그 의의가 있을 것이다. 우리는 일상생활을 하면서 참으로 다사다난한 일을 겪는다. 뒤를 돌아다보고 싶어도, 가야 할 길이 급하여 마냥 앞만 보고 간다. 잠시 한숨 돌리며 앉은 자리도 훑어보고, 지나간 흔적도 다듬어 보면 좋을 것이다.

떠오르는 해의 햇살은 부드러워 대자연에 스미면서, 우리 몸에도 은은하게 스며든다. 그때 해의 정기를 받는다. 그래서 해가 뜨는 가까운 곳을 찾아 떠오르는 해를 온몸으로 맞이하자. 해는 신비하게도 묵은 마음을 정화하고, 새로운 마음이 우러나게 한다.

일몰이 지친 하루를 마무리하고 평안한 휴식을 취하는 시간이라면, 일출은 떠오르는 하루에 희망을 담는 시간이다. 부지런한 사람만이 일출을 볼 수 있다. 그래서 나는 일출을 부지런함이라고 표현하고 싶다. 우리 모두 일출을 보며 부지런함을 누려보자.

올림픽 동네의 자부심

강원도에서 세계인의 축제가 열린다는 사실은 실로 가슴 벅찬 일이다. 30년 전 서울올림픽 시절에 비하면, 우리나라가 세계적인 반열에 오른 상황에서 개최된 축제이다. 그때는 몰라도 지금은 전국 어디서 개최되더라도 마음만 먹으면 그리 어렵지 않게 가 볼 수 있는 상황이 됐다. 더구나 강릉하고도 내가 사는 우리 동네에서 동계올림픽과 패럴림픽이 열리게 되었다.

마침내 2018년 평창동계올림픽이 개막되었다. 우리집에서 올림픽 빙상경기가 열리는 강릉 경기장의 어느 곳이든 걸어서 10분 내 갈 수 있다. 경기장이 들어선 자리는 내가 틈날 때마다 동네 마실 다니던 곳이다. 올림픽이 열리는 덕분에 KTX 강릉역에서 올림픽파크까지 15분 정도의 새 도보길이 생겼다. 그 길 끝점엔 엘리베이터[2]가 딸린 육교가 설치되어 교통약자들도 불편

---

[2] 2024년 터널이 개통되면서 철거되었다.

없이 이용할 수 있다. 실제 올림픽 기간 중 매서운 추위에도 불구하고, 외국인을 비롯한 내국인도 의외로 많이 이용하였다.

　개막식은 미처 표를 예매하지 못해 가 보지 못하고 TV로 시청했다. 고요와 한국 전통이 가미된 꿈틀거림의 장면을 보며, 올림픽개최국의 자부심을 느꼈다. 피겨여왕 김연아가 최종주자로 성화를 점화할 땐, 대한민국 국민의 자부심이 최고점에 달했다.

　입장식은 가 보지 못했지만, 올림픽 경기 몇 개는 반드시 보기로 마음먹었다. 우리 동네에서 개최하는 올림픽을 안 보면 평생 후회할 것만 같았다. 그래서 몇 군데의 경기장 티켓을 예매하고 경기를 관람했다. 며칠간 이어진 평창 대관령 설상 경기와 강릉 빙상경기 몇 종목을 관람하였다. 중요장면을 카메라에 담았다. 모든 선수가 자부심으로 경기에 임하고, 경기결과에 만족을 보이는 모습에 많은 감명을 받았다.

　초반에 열렸던 쇼트트랙 1000m에서 심석희 선수가 넘어져 실격되었다. '심석희 꽈당'에 지역 관중들은 탄식했다. '심석희 꽈당'은 너무 애석해 SNS에서 유명해졌다. 심석희는 강릉 출신이라 아쉬움이 컸지만, 결국 쇼트트랙 계주 3000m에서 금메달을 따내 고향 사람들에게 자부심을 심어줬다. 멋모르고 관람하였던 한국 여자 컬링 'TEAM KIM'의 경기장면은 영원히 잊지 못할 추억으로 남게 되었다. 안경 선배의 "영미~" 소리가 아직도 귓가에 생생하게 맴돈다.

　또한, 강릉과 대관령 구간 셔틀버스를 운행해 지역 사람과 관광객의 편의를 도왔다. 나도 강릉 과학단지에서 셔틀버스를 타고 평창 대관령을 다섯 차례나 다녔다. 그중, 대관령에서 스켈레톤 금메달의 주인공 윤성빈 선수의 경기를 본 것은 큰 행운이었다. 찰나의 순간 통과하였지만, 금메달의 주인공이 내 앞을 지나간 것만으로도 큰 영광을 가슴에 새겼다. 특히 패럴림픽 때 본 좌식 스키 신의현 선수의 경기도 관람하였는데, '위대한 인간승리'의 현장에 함께 있었던 모든 사람에게 큰 희망을 주었을 것이다.

경기장 입장권 예매를 안 해도 2천 원의 입장료로 '올림픽 파크' 입장은 가능하였다. 올림픽 경기는 경기장 안에서 열리지만, 부대 행사는 올림픽 파크에서 열렸다. 각종 문화행사와 외국 응원단의 모습이 많이 보였다. 그들의 쾌활한 표정과 함성·구호들은 올림픽 분위기를 더욱더 고조시켰다. 또한, 화려한 옷차림과 현란한 몸놀림은 쉽게 볼 수 없는 이국적 풍경들을 자아냈다. 나중에 열린 패럴림픽의 장애인들도 모두 밝은 표정과 환한 웃음으로 경기와 분위기를 즐겼다.

주요 길목마다 올림픽 마스코트 '수호랑'과 '반다비'가 관람객들을 반가이 맞았다. 마스코트로 분장한 행사 요원들은 귀엽고 깜찍하게 분위기를 연출해 부대 행사 분위기를 한껏 북돋웠다. 동계올림픽 캐릭터 수호랑과 반다비를 비롯한 기념품 판매장은 매번 구매자가 장사진을 쳐 올림픽의 인기를 실감하였다. 경기와 관계없는 기업의 홍보전시관들은 박람회를 연상케 하듯 신제품과 기업홍보로 분위기 조성에 한몫하였다.

이번 올림픽의 숨은 공로자는 자원봉사자와 군경 보안관계자들이다. 자원봉사자들은 그 어느 공무원들보다 밝은 표정에 친절한 모습들이었다. 다양한 계층의 봉사자들은 피곤한 기색도 없이 안내와 도움에 적극적이었다. 몇몇 봉사자들과 얘기도 나눴는데, 타지역에서 온 사람들도 많았다. 그들은 인근 속초, 동해, 삼척 등 원거리에서 셔틀버스로 출퇴근하는 불편도 감수한다고 했다. 강릉 시내에서 오신 어르신 봉사자들은 허리도 아프고 잠도 설쳤지만, 우리 지역에서의 올림픽봉사가 큰 자랑거리라며 엄지척을 날렸다.

또한, 범죄사고 없는 올림픽은 경찰관 매의 눈이 큰 몫을 했을 것이다. 매일 아침 헬기가 우리집 지붕 위로 날아다니고, 소방관들의 헌신들이 사고 예방에 큰 공헌을 하였을 것이다.

동네 골목의 무단주차, 동네 길을 사방으로 막아서 불편한 점도 많았지만, 세계적인 행사에 많은 주민이 자부심으로 불편을 감수하였다. 우리 동네의 이러한 노력들이 성공올림픽이라는 한 페이지를 장식했다고 자부한다.

올림픽을 개최하면서 강릉에는 많은 변화가 있었다. 우선 서울-강릉 KTX열차가 개통하였고, 역사도 첨단 시설로 근사하게 들어섰다. 관계자들의 노력으로 열차 철로가 지하화되어 종전의 철둑길이 사라지고 그곳에 공원이 들어섰다. 공원에는 월화거리가 조성되고 철교와 터널은 새로운 문화거리로 탈바꿈하였다.

또한, 역에서 중앙시장까지 도보 관광객을 위해 도로를 개편하여 편의를 제공하였다. 이로 인해 강릉중앙시장은 전국적인 먹거리 명소로 이름을 날렸다. 회포장, 닭강정, 감자전, 튀김, 건어물 등이 인기 먹거리가 되었다. 이런 일들이 올림픽을 계기로 변화한 강릉의 현실이다.

이제 우리 동네는, 세계인의 축제가 성공리에 마무리되면서 다시 평온한 마을로 돌아왔다. 이제 다시 마실 다니면서 덩그러니 남은 경기장들을 보게 될 것이다. 아무쪼록 거대한 시설들이 잘 활용되어, 올림픽 기간과 같이 많은 사람이 경기장을 들락거리는 모습이 보이길 기대한다.

하얀 다리

동호회에서 정선을 탐방할 기회가 있었다. 우리는 계획대로 전통시장을 한 바퀴 돌고 아라리 공원을 찾았다. 마침, 눈인 듯 비인 듯 추적추적 진눈깨비가 내리는 중, "눈이 올라나~, 비가 올라나~" 정선 아리랑이 공원에 울려 퍼졌다. 초겨울 날씨에 어울리는 곡조를 들으며, 공원 내 아리랑 센터 공연장에 입장했다. 객석은 꽉 찼고, 뮤지컬 「아리 아라리」 공연이 시작됐다.

당대 최고 목수 기목은 정선읍에서 아내, 딸 아리, 홀어머니와 살던 중 경복궁 중수 어명을 받는다. 기목은 소나무 뗏목을 몰고 한양으로 가 궁궐을 짓고 많은 돈을 벌었지만, 기생 놀이에 돈을 탕진하고 거렁뱅이가 된다. 세월이 흘러, 16세가 된 아리는 죽은 줄 알았던 아버지가 기억을 잃고 한양 거리를 떠돈다는 소식을 듣는다. 아리는 한양에 가서 거지 행색의 아버지를 찾아서, 고향에 데려와 못다 한 효를 다한다.[3]

정선 아리랑은 무지렁이 백성들의 신세를 한탄하는 노래지만, 뮤지컬은 이에 머물지 않았다. 아리를 등장시켜 타락한 아버지를 구하고 '효'를 다한다는 내용으로 아리랑을 한 단계 승화시켰다. 효 뮤지컬을 처음 접한 일행 모두는 깊은 감명을 받았고, 효를 다시금 생각하게 되었다.

우리나라 '효' 이야기엔 뭐니 뭐니해도 아버지를 위해 인당수에 몸을 던진 심청을 빼놓을 수 없다. 심청의 효를 기리는 심청각이 연평도에 있다. 서쪽 연평도에 효녀 심청이 있다면, 동쪽 오죽헌엔 효자 율곡이 있다. 동서(東西) 중간 지점인 평창 봉평에서 율곡의 이야기를 접할 기회가 있었다.

몇 해 전 이효석 문화제를 보기 위해 봉평에 간 적이 있다. 여유롭게 가고자 쭉 뻗은 고속도로 대신 아기자기한 대관령 국도를 탔다. 마침, 대관령 중턱에 신사임당 사친시(思親詩)를 새긴 비문이 보여서 들렀다. 사임당이 대관령 중턱에서 오죽헌을 바라보며 친정어머니를 그리는 시를 음미했다. 어머니에 대한 사임당의 효와 넓은 바다가 오버랩되면서 가슴이 뭉클해졌다.

이효석의 고장 봉평 초입에 '판관대(判官垈)4)'라고 새긴 표지석이 있어 둘러 보았다. 표지석엔 뜻밖에도 율곡의 부친 이원수의 사연이 적혀 있었다. 이원수가 서울에 살 때, 사임당이 거주하던 봉평의 집터였다. 사임당은 친정 강릉과 서울의 중간인 그곳에

---

3) 「아리 아라리」 내용 줄거리는 입장 시 받은 팸플릿에서 발췌, 요약함.
4) 판관대 소재의 현재 행정구역은 평창군 용평면 백옥포리이다, 1983년까지 봉평면이었다.

살며 이원수를 만났다. 훗날, 사람들은 그곳이 율곡의 잉태지라는 사연을 전했고, 인근에 봉산서재(蓬山書齋)를 세워 그 유래를 적고 있다. 판관대는 이원수의 벼슬 수운판관(水運判官)에서 따왔다.

봉평을 배경으로 한 또 다른 효의 이야기는 이효석의 소설『메밀꽃 필 무렵』에서 볼 수 있다. 소설에서 허생원은 동이가 왼손잡이라는 걸 눈치채고 자신의 아들이라고 확신한다. 독자의 상상에 맡겼지만, 흐름으로 보아 동이도 허생원이 자신의 아버지라는 사실을 알게 되리라고 본다. 결국, 동이는 친부·친모와 더불어 자식의 도리를 다하며 효를 실천하게 되었을 것이다. 저자 이효석(李孝石)의 이름에 내재된 '효(孝)'도 예사롭지 않다는 생각이 들었다.

봉평이 율곡의 잉태와 이효석의 소설에 연관된 '효의 고장'이라는 생각을 하면서 강릉에 돌아와 오죽헌을 찾았다. 입구의 안내판이 '강릉 어머니 길'을 설명하고 있었다. 율곡이 어머니 손을 잡고 아버지를 만나러 오갔던 길 중, 오죽헌에서 사모정 공원까지의 길이다. 아흔아홉 굽이 대관령을 오르기 전 1.5km의 순탄한 길이다. 힘든 여정에 앞서 사임당은 두고 가는 어머니를, 율곡은 만나게 될 아버지를 생각했을 것이다. 어머니 길은 효를 품은 길이다.

강릉 출신 언론인 권혁승이 우리의 정신 '효'를 기리고자 핸다리 마을에 '사모정 공원'과 '강릉 어머니 길'을 조성하였다. 그는 자칫 사라질지도 모르는 효의 정신을 세계에 떨치고, 이 마을이 효의 기원이 되길 소망했다. '핸다리'는 권혁승이 태어난 마을 이름이자 '하얀 다리(白橋)'라는 뜻이다.

사모정 공원에는 효의 상징인 사모정(思母亭)이 있고, 주변에 효를 주제로 쓴 많은 시비가 있다. 그중 대중적으로 접근하기 쉽고, 모두의 마음에 와닿는 '강릉 어머니 길' 노래비도 있다. 강릉이 낳은 아동 문학가 엄기원이 노랫말을 쓰고, 유명 트로트 가수 김용임이 노래했다. 이 노래가 율곡과 사임당이 거닐었던 길을 알려주며, 대중적으로 접근해 효를 일깨워 줄 것이다.

핸다리 마을에 실제로 '하얀 다리'가 있으면 좋겠다는 생각을 해본다. 부모님, 아들·딸과 함께 그 다리를 건너며 효를 생각하는 계기가 된다면…. 나는 그 다리에 '효'를 얹어 본다. 로버트 제임스 월러의 '메디슨 카운티의 다리'는 소설로 유명해지면서 영화로도 나왔다. 그 다리는 주인공 프란체스카와 사진작가 로버트의 사랑을 담아 유명해졌고, 세계적인 관광명소가 되었다.

푸른 소나무를 배경으로 한 하얀 다리는 효의 상징과 더불어 인증샷 명소가 될 것이다. 경포대, 선교장, 오죽헌, 어머니길, 사모정 공원으로 이어지는 관광코스로 연결될 수도 있다. 또, 여기에 사친비, 정선 아라리, 평창 판관대, 파주 율곡 유적지, 백령도 심청각을 연결하는 '한국의 효 벨트'가 파노라마로 연상된다.

사모정 공원은 이미 '효의 세계화'를 발산하고 있다. 세계 65국 130개 도서관에 『세상의 빛, 어머니 사랑』 책자를 비치하였다. 또한, 어머니 길에서 2018년 평창동계올림픽 때 어머니와 아들이 손잡고 성화를 봉송하였다. 그때 세계 유일 모자 화폐 주인공 율곡과 사임당을 연출하며 효 사상을 널리 알렸다. 효의 내용이 담긴 뮤지컬 「아리 아라리」는 호주에서 최우수 작품상을 받았고, 효녀 심청을 주제로 한 뮤지컬 「블루 블라인드」도 해외 진출을 준비 중이라고 한다.

 효를 주제로 한 우리 문화가 글로벌화 되어 가고 있다. K-컬쳐, K-팝, K-푸드와 더불어, 사모정 공원과 하얀 다리 이야기가 K-대열에 합류할 날을 소망한다. 'K-효', 가슴이 설렌다.

 우리나라는 전통적으로 '효'를 중요한 가치로 여겨 왔다. 이제 사모정 공원에서 발산한 효가 세계의 규범으로 안착하면, 인류의 도덕적 가치는 한 단계 상승할 것이다.

대관령의 바람

"대관령을 넘었시유?"

"글씨, 아직 안 넘은 것 같은디유…."

주문진 어시장, 충청도에서 온 듯한 사람들이 버스를 내리면서 하는 대화다. 버스로 왔다면 대관령을 넘은 건 확실한데, 이들이 대관령을 실감하지는 못한 것 같다. 굴곡 없이 곧바른 고속도로의 대관령을 쌩쌩 달렸으니, 그럴 만하다. 대관령을 넘었다기보다 지나왔을 것이다.

대관령 도로는 일제강점기 아흔아홉 굽이로 만들어진 후, 1975년 구불구불 상태의 2차선 고속도로로 건설되었다. 고속도로였지만 굽이 심한 산악도로여서 멀쩡한 사람도 멀미할 정도였다. 2000년, 산허리를 깎고 고가도로와 터널로 4차선 직선 고속도로가 따로 생겼다. 예전부터 있는 대관령 옛길은 체험과 등산길로 남아 있다.

조선시대, 이율곡을 비롯한 많은 선비가 청운의 꿈을 안고 대관령을 넘었다. 신사임당도 서울에 근무하는 남편 이원수를 만나러 넘었고, 그때 친정 노모를 생각했다는 사친비가 중턱에 있다. 정철은 대관령에서 관동별곡의 영감을 얻었고, 김홍도는 대관령에서 강릉이 보이는 대관령도를 그렸다. 우리 지역의 선대들은 생선 봇짐을 지고 대관령을 넘어, 진부·대화장에 팔아 씨감자를 사 왔다. 이렇듯 대관령은 오랜 세월에 걸쳐 많은 사연을 품어왔다.

그러나 그 소중한 사연들은 급속한 현대화에 밀려 대관령 속 깊이 묻혀버렸다. 이를 다시 꺼내 보려면 옛 고속도로나 옛길을 가야 한다. 먼저, 옛 고속도로를 자동차로 '슬로우(slow)' 체험을 해 보면 그 흔적을 느낄 수 있다.

차창 밖으로 켜켜이 접힌 아흔아홉 굽이를 병풍처럼 펼쳐 본다. 한 겹을 펼치면 김홍도의 산수화, 다음 폭에는 사임당의 사친비가 보인다. 이어서 정철과 허균, 허난설헌의 숨결도 느껴진다. 또 다른 폭을 펼치면 봇짐을 지고 가는 선대들의 자취도 비친다. 이어지는 폭에는 계곡의 물소리, 산등성이에서 나뭇잎 서걱거리는 속삭임이 이어진다. 시선을 돌리면 푸른 바다와 강릉 시내가 파노라마처럼 펼쳐진다. 대관령이 선사하는 멀티스크린이다.

이와 달리 예부터 다니던 대관령 옛길이 있다. 대관령 속살을 파고드는 기분이 든다. 문명과 속도와 편리는 접어둔 길이다. 고속도로는 옆구리를 깎고, KTX는 몸을 관통하여 대관령에게 아픔을 주고 있지만, 옛길은 생긴 대로 굽이굽이, 오르막 내리막을 거듭하며 사람과 어울려 즐거움을 준다.

옛길 아래쪽에서 잠시 오르면 주막이 보인다. 관광객에게 볼거리나 쉼터로 지어졌지만, 예전부터 그 자리에 있었고 주모가 금방이라도 주안상을 들고나올 듯하다. 마루에 걸터앉기만 해도 도토리묵에 막걸리 한잔하는 기분이 든다. 주막 근처에서 뽕 오디와 산딸기를 따 먹는 호사도 누릴 수 있다.

강릉사람들은 대관령과 더불어 살아간다. 거의 모든 학교 교가에 대관령이 등장한다. 나도 학창시절 "대관령 장엄한~ 뫼, 높이~ 솟았고~" 이렇게 교가를 불렀다. 아울러 철마다 바뀌는 대관령의 계절을 몸으로 느낀다. 봄바람의 매서움, 여름에는 시원한 골바람, 화려한 가을 단풍, 포근한 겨울 설경.

대관령에서는 다양한 바람이 분다. 봄에 남대천 다리를 건너보았다면 살을 에는 듯 매서운 바람을 안다. 그 바람이 이곳 사람들을 강인하게 만들어 주었으리라. 반면, 무더위를 날려주는 시원한 대관령 바람도 있다. 한여름 밤, 남대천 하구의 다리는 무더위를 식히려는 사람들의 자리다툼으로 북적인다. 대관령 솔바람을 여과 없이 맞는 핫한 장소여서, 다리 이름이 '솔바람다리'이다

또 다른 바람도 있다. 대관령 돌풍이다. 1987년 청룡기 전국 고교야구대회에서 강릉의 건아들이 4강에 진입했을 때다. 최근엔

우승, 준우승을 번갈아 하지만, 야구로 전국 4강 진입은 그때 강원도에서도 최초였다. 이를 언론에서 '대관령 돌풍'이라고 했다. 야구 불모지에서 꿈에도 그리던 4강은 기적이었고, 기적의 발원지가 강릉이라는 사실을 알리는데 대관령 돌풍이 안성맞춤이었다. 학교 스포츠에서 야구말고도, 남녀축구, 여자배구 등에서 대관령 돌풍은 지금도 몰아치고 있다. 학교 교가에 '대관령'이 그냥 있는 게 아니라는 증좌이다.

나에게도 대관령 바람의 추억이 있다. 모험 끼 많았던 고교시절, 친구와 함께 찬바람 맞으며 자전거로 대관령을 오른 것이다. 비포장으로 험하고 가팔랐기 때문에, 갈 때는 자전거를 힘들게 끌고 올라갔다. 늦가을 단풍에 취해 몇 시간을 올랐는데, 정상쯤에서는 찬바람에 눈발까지 날렸다. 추위가 절정일 때, 다행히 정상에 주막이 있었다. 조선시대처럼 '주막' 깃발도 꽂혀 있어 그 장면이 오래도록 기억에 남는다. 지금 정상의 휴게소가 바로 그 자리다. 주막에 들러 따뜻한 국밥을 먹고 내리막길을 재촉했다.

내리막길은 페달에 발을 올려놓기만 해도 쉽게 내려올 수 있었다. 그때 대관령은 우리에게 인생길의 험난한 과정을 예습시켜 주었고, 고난을 극복하면 성취감과 평온이 온다는 진리를 터득시켜 주었다.

대관령 바람은 대형 산불의 아픈 기억을 주기도 했지만, 사람들은 이를 극복하고 대관령을 딛고 품는다. 대관령은 매서운 바람을 몰아치는 엄격한 아버지이자, 상큼한 바람을 주는 포근한 어머니인 것을 알기 때문이다.

사람들이 자신을 뚫고, 깎고, 다듬지만 대관령은 달갑지 않다. 2018년 평창동계올림픽 강릉빙상경기를 계기로 서울-강릉 KTX가 개통될 때, 21.9km의 터널이 생겼다. 대관령은 몸속 통증을 느낄 때, 열차가 자신을 관통한다는 것을 안다. 대관령은 열차 속 사람과 대화를 할 수도, 볼 수도 없다. KTX는 사람에게 속도와 편리를 주는 대신 대관령에게는 사람을 만나는 즐거움을 앗아갔다.

모든 것이 순식간에 지나갈 때, 대관령은 자신이 점점 작아지고 있음을 느낀다. 대관령은 작아지면서 잃게 될지도 모를 '장엄한 뫼'를 지키고 싶다. 이를 위해 사람들이 느림의 미학으로 자신을 대해 주길 바라고 있다.

'대관령의 바람'은 사람, 자동차, 열차가 휙~ 지나가지만 말고, 자신을 보듬고 대화해 주는 것이다. 대관령은 스위스 융프라우의 느린 산악열차가 부럽고, 설산에서 찬바람 맞으며 컵라면 먹는 관광객이 부럽다. 이제 우리도 느린 열차로 대관령을 느끼고 깊숙한 사연도 꺼내 보면 좋겠다. 또, 차창으로 동해 일출을 보며 따끈한 커피를 즐긴다면 더할 나위 없겠다.

좌충우돌 대표선수

주민센터에서 우리 동 대표선수 선발을 확정하고 명단을 알려왔다. 여섯 명의 명단에 동의하지도 않았는데 내가 '대표'로 돼 있었다. 대표는 주장의 역할과 대외적인 의사소통의 역할을 한다고 했다. 아니, 연습도 한 번 안 해봤는데 선수를 통솔하는 주장이라니? 연습 일정표에는 3일 후부터 하루걸러 다섯 번 연습하게 돼 있었다.

조 추첨 일자에 맞춰 대표인 내가 경기장 사무실에 갔다. 부전승의 행운을 기대했는데, 추첨 결과 조별 예선리그 3게임을 모두 해야 했다. 조 1, 2위가 돼야 16강 본선에 가기 때문에 시작부터 난관에 부딪혔다. 진행자가 앞으로의 연습계획을 장황하게 설명했지만, 용어부터 생소했다. 설명 도중 문이 열리더니 국가대표 유니폼을 입은 선수 4명이 우르르 들어 왔다.

"어~! 팀킴이다." 김영미, 김은정, 김선영, 김초희. 아우라가

빛난다는 게 이런 걸 두고 하는 말인가 보다. 실제 눈앞에 있지만 "영미~" 하고 신호하는 장면에 더 익숙해져 있다. 2018년 평창동계올림픽 기간 중 바로 이 경기장에서 이들이 은메달을 땄다. TV에서 워낙 이름을 날린 연예인급 멤버다. 이들이 강릉시청 소속 국가대표 컬링선수들이다. 팀킴은 컬링대회 조 추첨 행사에 인사차 온 것이다. 주민센터에서 알려온 명단은 제8회 강릉시장배 컬링대회에 출전차 얼기설기 선발된 '교2동 컬링 대표선수'다.

연습 첫날, 우리 팀 코치로 팀킴의 김초희 선수가 배정됐다. 우리 코치님은 기본 동작을 섬세하게 가르쳐 주었다. 경기하는 장면을 TV에서 본 적은 있지만 브룸(브러시)과 스톤을 만져보는 건 처음이다. 6명이 처음으로 상견례를 하고 연습을 시작했다. 브룸을 다루는 기본 동작을 익힌 후, 스톤을 한 번씩 밀었다. 몇 번 해 본 결과 각자의 수준이 드러났다. 순발력 있고 카리스마 넘치는 '박통'에게 주장을 제의했다. 나는 팀 대표로 서포터즈를 맡고, 경기에 관한 사항을 일임하자 동의했다.

다른 팀 연습을 눈여겨보니 우리 팀과는 확연히 달랐다. 동호회를 운영하는 팀도 있고, 시니어 국가대표가 있는 팀도 있다. 우리와 다르게 브룸과 스톤을 다루는 손놀림이 능숙했다. 완전 초보인 우리는 빙판을 거의 기어 다녔다. 겁에 질려 안전 헬멧을 쓴 팀은 우리밖에 없었다. 스톤을 밀며 출발하다가 몇 번씩 넘어졌다. 어설펐지만 서로의 응원과 격려에 모두 용기를 냈다. 연습

후 호프집에서 파이팅 건배도 했다. 우리는 그 자리에서 자치위원장을 감독으로 선출했는데, 그는 우승하면 아파트를 팔아 포상금을 마련하겠다고 했다. 주장 박통은 개인택시를 내놓을 거라고 했다. 팀 대표인 난 베란다라도 내놓아야 하나?

연습 두 번째 날, 첫 연습 상황을 파악한 주장 박통은 각자의 포지션을 정했다. 일단 만장일치로 박통을 스킵(팀에이스, 4번 투구자)에 선출하였다. 나와 'DJ'가 스위퍼(빙판 닦는 사람), '써니'가 리드(1번 투구자), '싸희'가 세컨드(2번 투구자), '리아'는 써드(3번 투구자)에 배치됐다. 우리는 굳은 결의로 두 번째 연습에 임했다. 첫 연습 때 빙판에서 네발로 기어 나온 리아가 그날은 두 발로 걸어 나왔다. 운동 감각이 뛰어난 박통은 연습 몇 번에 스톤을 하우스 안 빨간 원에 안착시키는 기염을 토했다. 다섯 번 연습 내내 자치회와 주민센터, 통장단에서 응원과 간식을 준비해 왔다.

연습 기간 중 돌발변수가 생겼다. 태풍 카눈이 북상하여 주민센터에 비상이 걸렸다. 축대 붕괴 위험을 피해 주민센터 대피실에 이재민이 들어왔고, DJ는 이재민을 위해 며칠간 밤샘 당직으로 불가불 경기를 포기했다. 역시 DJ는 온화한 마음으로 국민을 먼저 생각했다.

연습을 마쳤지만 우린 기본기마저 못 갖춰 갈 길이 멀었다. 다른 팀은 유니폼도 갖춰 입었는데 우리는 복장부터 오합지졸이다. 상황을 파악한 감독은 반 팔 티셔츠를 구입했다. 티셔츠에 우리가 직접 도안한 로고도 새겨 넣었다. 로고가 있는 팀은 우리밖에 없어 한가지 자부심은 생겼다. 예선리그 첫 상대 강남A팀은 상하 겨울 유니폼을 갖춰 입어 우리와 대비되었다.
"아, 속에 긴 팔이라도 입고 올걸…."
냉장고 수준의 온도에 반팔 티셔츠를 입은 우리는 몸과 마음이 다 추웠다.
강남동은 A팀, B팀 2개 팀이 출전했는데, 강남A팀이 우리 상대. A팀은 에이스 팀이란 뜻이겠지. 싸이보다 의욕이 넘치는 '싸희'는 A든 B든 그 어떤 강남스타일도 압도할 것이라고 자신했다. 싸희가 속해 있는 우린 '교2스타일'로 경기할 것이다. 주장을 중심으로 파이팅을 외치고 서로 엄지척을 날렸다. 응원석에선 파이팅과 박수가 터졌다. 우리는 응원단과 눈빛을 나누며 뜨거운 결의를 다졌다.
첫 엔드는 우리가 유리한 후공이다. 상대 첫 스톤은 하우스 앞에 가드(상대방 진로를 방해)를 쳤다. 우리 첫 투구자는 써니. 평소처럼 우아하게 투구하여 우리도 가드를 쳤다. 세컨드 싸희 스톤은 어쩌다 유효 점수가 가능한 하우스 언저리에 놓였다. 상대방 써드는 하우스 가운데 정확히 안착시켰다. 다음이 우리팀 써드 리아 차례. 연습 때마다 넘어졌던 리아가 나오자 우린 입술이 바짝 말랐다. 리아는 예외 없이 투구 순간 넘어졌다. 그것도 어설프게 넘어져 스톤은 방향을 잃고 느닷없이 "따닥~!" 우리팀 써니 스톤을 치고 싸희 스톤도 쳐 냈다.
"아뿔싸~!"

하지만 우려는 잠시, 다시 튄 리아의 스톤은 가운데 있던 상대 스톤을 "딱~!" 쳐내고 안방마님인 양 하우스 안방을 떡하니 차지했다. 컬링 교본에도 없고 그 누구도 흉내 못 내는 리아의 '좌충우돌 투구법'이다. 당구의 쿠션, 볼링의 스트라이크를 조합한 고도의 퍼포먼스였다. 리아의 돌발 선방에 취한 우리의 환호는 잠시. 상대의 마지막 투구자는 수학 공식처럼 리아의 스톤을 사정없이 쳐내며 자신의 스톤을 홈에 넣었다.

이제 우리의 호프 4번 투구자 박통. 박통은 기대를 저버리지 않았다. 상대 스톤을 가볍게 "툭~!" 밀어내고 여유롭게 스톤을 하우스 가운데 꽂았다. 이렇게 우리가 첫 엔드를 1:0으로 이겼다. 좌충우돌, 3엔드까지 겨뤄 한 수 위로 봤던 상대 팀을 1:0, 1:0, 2:0, 결국 4:0으로 이겨 감격의 첫 승을 기록했다. 응원석에서는 난리가 났다. 말춤은 강남춤이고 우린 개다리춤이라도 춰야 하나? 이젠 '강남스타일'이 아니라 '교2스타일'이 유행할 것이다.

하지만 예선리그 2차전을 1:5로 패하는 바람에 3차전에서 상대를 반드시 이겨야 본선에 진출한다. 다음 날, 3차전. 강팀은 달랐다. 맥도 못 추고 0:6으로 완패했다. 겨우 1승은 건졌지만 2연패에 본선 탈락으로 어깨가 처져 경기장을 나오는데, 주장 박통이 헐레벌떡 달려왔다. 우리 조의 한 팀이 3승을 하는 바람에 나머지 세 팀 모두 1승 2패가 되었고, 경기규칙에 따라 우리가 16강에 진출한다는 것이다. 월드컵 16강 진출이 이보다 더 좋을 수 있나? 감독은 선수 집 앞마다 현수막을 걸자고 했다. 응원단 모두는 얼싸안고 환호를 외쳤다. 라인댄스를 배웠다는 싸희는 '교2스타일'의 춤을 기필코 개발할 것이다.

  그날 오후에 의기와 패기로 임한 본선 16강전 상대는 강남동의 B팀이다. 또 강남동? 그래, A팀도 꺾었는데 B팀 정도야 뭐~, 1승과 16강 진출의 여운에 너무 취했나? 첫 경기의 다짐이 풀렸는지 1:4로 패하고 말았다. 다시 호프집을 찾은 우리는 첫 승과 16강의 격한 감동과는 달리 차분한 성찰의 시간을 가졌다. 각자의 기량을 맘껏 발휘하여 힘을 보태면 안 될 게 없다는 것과 초심을 잃고 자만하면 몰락한다는 사실이 각인되었다.

  8강의 문턱을 넘지 못했지만, 박통은 어렵게 만난 팀킴과 사진 한번 제대로 찍으면 좋겠다고 했다. 싸희는 팀킴과 함께 사진을 찍으며 그들의 기(氣)를 받자고 했다. 대표인 내가 팀킴을 섭외해야 했다. 다음 날, 팀킴을 만나 메달 시상대에서 사진을 찍자고 하자 흔쾌히 동의했다. 우린 8강 탈락의 염치는 접어두고, 마치 메달을 받기라도 하는 양 시상대에 올랐다. 사진 찍으면서 국가대표 선수들의 기를 슬쩍했다. 짧은 순간에 리아는 팀킴의 얼굴도 몇 장 더 슬쩍했다. 우리는 팀킴의 기를 흠뻑 받고 내년엔 더 좋은 성적을 낼 것을 다짐했다.

(『영동수필문학』 2023년 사화집.)

| 정호백의 수필세계 |

파노라마로 펼치는
인생살이와 세상 이야기

최남미
(수필가, 문학평론가)

    정호백 수필가는 2022년 월간 『수필문학』 5월호에 「칼국수의 추억」이 추천 완료되면서 문단에 입문한 작가이다. 작가가 본격적으로 습작 활동을 시작한 것은 2020년부터이다. 이 무렵부터 각종 대회에서 수상하면서 실력을 인정받았다. 그는 수필가로 등단한 지, 만 2년여 만에 수필집을 낼 정도로 성실한 작가이며, 글쓰기에 진심인 작가이다.
    작가의 첫 수필집인 『내 안의 파노라마』에 수록된 42편의 수필은 인생살이와 세상 이야기를 파노라마로 펼쳐 보여준다. 그렇기에 그의 작품은 저마다 묘한 호기심을 불러일으키며 특유의 매력을 발산한다. 작가는 평범한 일상을 예리하면서도 따뜻한 시선으로 순간 포착하여 잔잔하게 진술하면서 그 안에 담겨 있는 사람들의 이야기와 세상 이야기를 들려준다. 때로는 숨어 있는 명소로 독자를 안내하기도 한다. 그는 작은 생명체에도 관심을 기울이며 상생하는 세상을 만들기 위해 몸소 실천하는 모습을 보여준다. 그의 수필에서는 소확행이 느껴지는데, 이는 정호백 수필가가 지닌 글의 색깔이며 매력이다.

작가의 수필집 『내 안의 파노라마』에 수록된 수필 42편을, '순간을 포착하다.', '기억을 재생산하다.', '숨어 있는 이야기를 파노라마로 펼치다.', '따뜻한 시선으로 세상을 담다.' 이렇게 네 갈래로 구분하여 면밀히 살펴보면서 작가 고유의 글의 색깔과 매력을 음미해보고자 한다.

순간을 포착하다

수필창작은 소재를 발견하는 시점부터 글쓰기가 시작된다고 해도 과언이 아닐 것이다. 수필 소재는 도처에 널려있으므로 무궁무진하다고 할 수 있다. 주변에서 흔히 발견할 수 있는 사물이나 동식물, 자신이 겪은 체험이나 주변 사람들의 일상, 무심히 마주친 풍경, 독서나 영화, 인터넷 자료 등 간접체험을 통해서 알게 된 지식도 수필 소재가 된다. 그런데 글감으로 삼을 만한 소재를 발견하는 것은 작가의 몫이다. 똑같은 상황에 놓여 있다고 하더라도 누군가는 발견하지 못하고 지나쳐버리는 것을 예리한 관찰력으로 포착하여 글감으로 삼는 작가들이 있는데, 정호백 수필가도 이에 해당한다. 그는 일상에서 마주치는 것들을 예사로 넘기지 않고 순간을 포착하는데 뛰어나다. 작가의 예리한 관찰력이 돋보이는 작품 한 편을 감상해보겠다.

유치원에서 내 역할은 아이들이 학업을 마치고 귀가할 때, 차량의 질서를 유지하는 일이다. 한창 분주할 때는 주변을 둘러볼 겨를도 없다. 그 시간이 지나면 여유도 좀 생겨 주변을 돌아보고, 가끔은 하늘도 쳐다본다.

그러던 어느 날, 하늘 위로 지지배배 날아다니는 제비가 보였다. 유치원 출입문 위로도 왔다 갔다 했다. 유심히 쳐다보니 벽에 흙으로 점을 세 개 찍어 놓고, 그 앞을 분주하게 날아다녔다. 궁금하여 짬짬이 쳐다보았다. 그러던 중, 처마 밑 구석 쪽의 점 하나가 점점 넓어지기 시작했다. 점을 찍을 때는 좌표를 정하는 것 같았고, 점이 커지는 곳이 둥지 장소로 결정된 것 같았다. 두 개의 점은 집 터에서 탈락했다고 봐야 한다.　　　　　－「대견하고 위대하다」일부

오랫동안 공직생활을 하다가 정년퇴직한 작가는 유치원에서 봉사활동을 하고 있다. 하원 시간이면 몰려드는 학원 차량과 학부모들의 차량으로부터 원생들의 안전을 지키기 위해서 차량의 질서를 유지하는 일이 작가가 맡은 업무이다. 작가는 주변을 둘러볼 겨를도 없이 바쁜 시간을 보내던 중 우연히 하늘 위로 날아다니는 제비를 보고 이를 살피다가, 제비가 유치원 건물 벽에 흙으로 점 세 개를 찍어 놓은 것을 발견하게 된다. 이후 제비들이 자신들이 찍어 놓은 점 중에서 하나를 낙점하여 집짓기를 시작하는 것과 제비가 알을 낳아서 품고, 부화한 새끼들이 점점 자라나더니 모두 날아가 버려서 빈 둥지가 되기까지의 전 과정을 글로 담아낸다. 이 작품이 탄생하기까지 가장 큰 역할을 한 것으로 작가의 예리한 관찰력을 꼽을 수 있다.

작가는 제비가 소음이 가장 적고 햇볕과 바람을 피할 수 있는 북쪽 구석진 곳에 집을 지었으며, 집 짓는데 4일 정도가 소요되었다는 것, 그리고 알을 낳고 품는 기간이 20여 일이며, 30일쯤 되었을 때 제비 새끼 소리가 들리기 시작한 점, 7월 초 장마 시기에 접어들면서 제비의 배설물을 받아내기 위해 만들어 준 받침대에서 제비 두 마리가 스트레칭을 하는 장면과 다음 날 모두 날아가 버렸다는 사실을 담담하게 글로 풀어낸다. 이는 동물도감에 나와 있는 내용이나 영상자료를 참고한 것이 아니며, 작가가 예리한 관찰력으로 포착한 바를 꼼꼼하게 기록하고 치밀하게 분석하여 수필로 승화한 것이다.

'수필은 평범하기 그지없는 일상의 소재를 자기만의 문학적 시선으로 해석하는 문학'이라는 말처럼 작가도 일상에서 누구나 발견할 수 있는 소재를 순간 포착하여 작가 고유의 문학적 시선으로 해석하고 이를 한 편의 작품에 담아내고 있다. 수필은 체험을 바탕으로 한 문학이므로 사실을 기반으로 창작하는 것이 당연하지만, 특히 작가의 작품은 사실적 재현과 묘사에 충실한 측면이 있다. 그렇기에 리얼리즘 성격이 짙으면서도 대상에 대한 애정이 느껴진다. 그래서 그의 수필은 따뜻하다. 작가의 글에서 발견되는 이러한 특징은 무생물인 바위를 소재로 한 작품에서도 드러난다.

5월 초, 지인들과 텃밭 인근 야산을 오르며 봄의 기운을 만끽한다. 나무에서 꿈틀거리는 새 움은 새 계절이 궁금해 세상을 엿보고 있다. 오르는 코스는 완만한 산 능선이라 왁자지껄 오르기 딱 좋은 길이다.

정상에 도달할 즈음, '두꺼비 바위'라고 쓴 투박한 팻말이 보였다. 호기심에 가리키는 쪽으로 내려 가 보니, 나무숲 사이로 커다란 바위가 보였다. 가까이 가자 과연 집채만 한 두꺼비가 웅크리고 앉아 있었다.　　　　　　　 －「두꺼비 이야기」 일부

작가는 지인들과 텃밭 근처 야산을 오르다가 발견한 팻말이 가리키는 길에서 두꺼비 바위와 조우한다. 두꺼비를 닮은 바위라서 붙여진 이름이겠거니 하고 지나칠 수도 있을 텐데 인터넷으로 검색하고, 그곳에 오랫동안 살았던 사람들에게 물어보아서 두꺼비 바위에 얽힌 이야기를 듣게 된다. 그 이야기는 아들을 간절히 바라는 여인들의 인생살이 이야기며, 전설이며, 민초들의 역사이기도 하다. 작가는 바위에 얽힌 이야기를 들으면서 아들이 태어나기 전 일화를 떠올리고, 어릴 적 모래 놀이하면서 부르던 노랫말을 떠올리고, 군 복무를 할 때 있었던 두꺼비와 관련된 일화를 떠올리고, 화재를 예방하기 위한 장치였던 두꺼비 집을 떠올리고, 콩쥐를 도와 구멍 난 독을 막아주던 두꺼비를 떠올리고, 인간에 의해 훼손되어버린 생태로 인해 로드킬을 당하는 두꺼비를 떠올린다.

이처럼 작가는 일상에서 발견한 소재를 통해 자신의 체험과 간접체험을 통해 알게 된 이야기들을 떠올린다. 이 작품은 과거 남아선호사상으로 인해 아들을 낳아야만 자신의 자리를 확고히 다질 수 있었던 여인들의 아픔에서 시작하여 오늘날 인간 중심의 무분별한 개발로 인해 로드킬을 당하는 동물들의 아픔까지

스펙트럼이 매우 넓게 펼쳐진다. 이는 사고를 확장하는 작업을 거듭한 결과물로 볼 수 있는데, 각각의 이야기들은 독립되어 있으나 근원은 같다. '두꺼비 바위'라고 하는 한 뿌리에서 파생된 이야기인 것이다.

만약 작가가 팻말을 무심히 지나쳤다면 이처럼 여러 갈래로 파생된 이야기들이 모여 하나의 작품으로 탄생하는 일은 상상하지 못했을 일이다. 그러므로 수필 「두꺼비 이야기」는 작가의 예리한 관찰력과 애정 어린 시선으로 사물을 바라보는 마음의 눈 덕분에 탄생한 작품이라고 할 수 있다. 이같이 한 편의 수필을 마음의 눈으로 순간 포착하여 파노라마로 펼칠 수 있는 능력은 사람과 세상의 이야기를 카메라에 담는 작업을 오랜 시간 해온 작가의 관록이 반영된 것으로, 이는 작가가 지닌 특장점이라고 할 수 있다.

기억을 재생산하다

수필창작을 할 때, 글감을 발견하고, 이를 바탕으로 주제를 정하고, 글을 구성하는 과정에서 기억을 반추하게 된다. 이때 자신이 직접 체험한 것뿐만 아니라 간접 체험한 것까지, 묻어 두었던 기억들을 꺼내는 작업을 하게 되는데, 이 과정에서 기억의 재생산이 이루어진다. 누구나 자기중심적으로 생각하게 되므로 기억은 왜곡될 수밖에 없다. 똑같은 일을 겪은 사람들과 이야기를 나누다 보면, 각기 다른 시각으로 사건을 바라보고, 자신만의 방식으로 해석하여 간직하고 있다는 것을 알게 된다. 그 당시 아팠던 기억을 떠올리고 분노하며 피해자의 서사를 진술하는 사람이 있는가 하면, 아팠던 기억을 수용하고 이를 아름다운 기억으로 재해석하여 진술하는 사람도 있다. 후자는 사건을 객관화하여 들여다봄으로써 기억을 재생산하게 되었기에 가능한 일로 볼 수 있는데, 정호백 수필가의 작품에서 발견되는 특징이기도 하다. 작가는 상흔을 남긴 아픈 기억이라 할지라도 삶의 한 부분으로 담담하게 받아들이는 자세를 취한다.

    그렇게 2학년이 되던 해 봄 무렵, 홍역을 앓던 형은 끝내 병마를 이기지 못하였다. 나는 형 없이 혼자 학교에 다녔고, 그럭저럭 초등학교를 졸업하고 읍내 중학교에 들어갔다. 중학교에서도 형 친구들과 학창시절을 함께 보내게 되었고, 형의 빈 자리는 항상 내 곁에 있었다. 그 빈자리가 내겐 허전한 공간이었지만, 부모님에게는 평생 지울 수 없는 응어리로 가득 차 있었을 것이다.
    3학년이 되면서 고등학교 진학문제에 고민해야 했다. 부모님은 읍내 실업계고등학교를 원했지만, 난 도시에 있는 인문계 진학을 마음먹었다. 어려운 형편에 유학 불허가 뻔하겠기에 몰래 인문계에 응시했다. 졸업식 바로 전날 인문계 합격 사실을 털어놓았다. 되돌릴 수 없는 상황에 아버지는 한숨만 쉬었고, 엄마는 "아휴, 또 당나귀 고집을 부렸네~!" 하며 한탄했다.   -「당나귀」일부

작가는 한 살 터울인 형이 초등학교에 입학하자, 누가 뭐라 하든 신경 쓰지 않고 무작정 따라나선다. 그렇게 막무가내로 고집을 부린 결과 형과 동급생이 되는데, 2학년이 되던 해 봄 형

은 홍역에 걸리고 만다. 병원 문턱이 높았던 시절이기도 하고 가난한 농가에서 병원은 언감생심 꿈도 꿀 수 없는 상황이다 보니, 형은 끝내 돌아오지 못할 길을 떠나고 만다. 2학년이 될 때까지 한 몸처럼 생활하던 형의 부재는 어린 나이에 큰 상처로 다가왔을 것이다. 작가는 마음에 생채기를 남겼을 이 사건에 대해 구구절절 말하지는 않는다.

　작가는 수필 제목을 「당나귀」로 정하고, 자신이 고집을 부릴 때마다 당나귀 고집이라며 걱정하던 어머니와 아들이 스스로 선택한 길을 순탄하게 갈 수 있도록 조력자의 역할을 했던 아버지를 떠올린다. 이 작품을 읽노라면 혈육을 잃은 아픔에 공감하게 되고, 아들이 선택한 길을 잘 갈 수 있도록 조용히 지켜보다가 도움의 손길이 필요할 때면, 당신이 할 수 있는 한에서 최선을 다해서 도와주고 지지해준 부모님과 그런 부모님을 그리워하는 작가의 진심이 고스란히 느껴진다. 이는 작가가 자기의 체험을 꾸밈없이 진솔하게 전하고 있기 때문일 것이다.

　작가가 반추를 통해 발견해낸 글감은 작가의 유년 시절부터 시작하여 청소년 시절, 군 복무 시절, 공직생활을 하던 시절까지 그 소재가 매우 다양하다. 이러한 과거의 체험을 소재로 한 수필을 읽노라면, 마치 앨범에서 오래된 사진을 한 장씩 꺼내어 들여다보는 느낌이 들어서 마음이 편안해진다. 작가는 한 편의 수필에 자신의 인생살이와 더불어 우리나라 현대사까지 잔잔한 필치로 녹여낸다.

오음리에 훈련소가 들어서게 된 것은 지형상 특이점이 있어서이다. 오음리는 배후령, 파로호, 소양호를 통하지 않으면 인근을 오갈 수 없는 군사적 요충지였다. 지금은 주변에 많은 터널과 다리가 건설되어, 아니러니 하게도 오히려 사통팔달의 교통 요충지가 되었다. 면 단위 지역이지만 훈련소가 있던 시절엔, 중학교와 고등학교, 그리고 초등학교 4개교 등 학교만 6곳이 있었다. 토박이분들의 증언으로는 당시 다방이 20여 곳, 식당도 그 이상으로 많았다고 한다. 아직도 중고등학교는 그대로지만, 초등학교는 인구 감소로 1개만 남아 있다.
오음리에 도착했을 때, 무장 군인이 트럭을 타고 이동하는 모습이 보였다. 며칠 전 동해안 지역에 무장공비가 침투하여 토벌 작전으로 이동한다고 했다. 중무장 군인들의 이동을 보면서 전방지역에 온 것을 실감할 수 있었다.　　　　　－「오음리 가는 길」 일부

작가는 전방지역인 오음리에 있는 간동우체국으로 발령을 받는다. 그동안 영동지역에서만 근무했던 작가는 처음으로 전방지역에서 근무하게 된 것이다. 작가는 도착한 날 무장 군인을 태운 트럭과 마주치는데, 무장공비 토벌 작전에 나선 군인들이라는 것을 알게 된다. 이처럼 작가는 무심히 마주친 풍경도 작품에 담아냄으로써 수필이 기록문학으로서의 가치를 지닌 장르임을 증명해 보인다.
작가는 작품의 서두에서 오음리 가는 길을 네비게이션이 안내하는 것처럼 자세히 알려준다. 오음리에 위치한 학교와 관공서와 주변 시설에 대하여 설명한 부분을 읽다 보면 머릿속으로 오음리 지도를 그릴 수 있을 정도이다. 작가의 안내를 따라가다 보면, 군사적 요충지이기도 한 오음리는 면 소재지인 시골임에도 불구하고

변화한 곳이었음을 알게 된다. 작가는 그곳에서 생활하던 시절에 대해서도 들려준다. 방학을 맞아서 가족들이 찾아왔을 때 강추위 속에서도 인근에 있는 파로호 전투 전적비를 찾아간 일, 파로호의 지명 유래와 가족들과 들렀던 식당 '꺼먹다리'의 유래, 지역 음식과 지역 특산물, 지역민들의 인심에 대해서도 들려준다.

이 작품을 읽다 보면 한 번도 가 본 적이 없는 오음리가 친근한 마을로 느껴질 정도이다. 이는 작가가 자신의 기억들을 반추할 때, 힘들고 아팠던 기억조차 아름다운 기억으로 변환하여 작품에 담고 있기 때문일 것이다. 영하 24도의 강추위와 자신이 정성을 다해 키우던 병아리들이 주말 사이에 목숨을 잃은 사건은 그 일을 겪을 당시에는 힘든 일이었겠지만, 세월이 흐른 지금 그 일을 아름다운 기억으로 재생산하여 작품 속에 녹여내고 있기에 공감하면서 읽을 수 있는 것이다. '수필은 달관과 통찰과 깊은 이해가 바탕이 된 문학'이라고 한다. 작가가 아픈 기억을 담담한 필치로 풀어낼 수 있다는 것은 인생에 대한 이해와 성찰이 수반되었기에 가능한 일이다. 그러므로 정호백 수필가는 세월의 앨범에 저장해두었던 아픈 기억들을 긍정 에너지로 재생산하는데 탁월한 작가라고 할만하다.

숨어 있는 이야기를 파노라마로 펼치다

좋은 수필을 창작하는 데에 있어서 예리한 관찰력으로 글감을 찾을 때 반드시 동반되어야 하는 것이 있다. 바로 관심이다. 관심이 있어야만, 주변 사람들의 말을 귀 기울여 들을 수 있고, 궁금한 점은 물어보거나 자료를 찾아서 자신의 것으로 만드는 일이 가능하다. 관심이 있어야만, 숨어 있는 것을 발견할 수 있고, 새로운 사실도 알게 되며, 숨어 있는 이야기를 발굴할 수도 있는 것이다. 정호백 수필가는 늘 주위에 관심을 기울이며 궁금한 점이 있을 때는 자료를 찾아보거나 알 만한 사람들에게 질문하고, 직접 발품을 팔아서라도 자신의 것으로 흡수하는 재능과 성실함을 지닌 작가이다. 이러한 작가의 노력이 돋보이는 작품 한 편을 감상해보겠다.

    조부동은 왁자지껄하다. 조부동에는 사람 사는 정이 있고 멋이 있다. 조부동에 가면 훈훈한 정이 보이고 행복이 느껴진다. 일상에 밍밍함을 느낄 때 나는 조부동에 간다. (중략)
    동행한 어르신이 의자에 앉자마자 여사장님에게 대뜸 "난 풍양 조씨인데 사장님은 어디 조씨요?"라고 물어보았는데, 의외의 답변이 돌아왔다. 조부동은 사장님의 이름이 아니라, 살림집이 인근 '조부동' 마을에 있고, 마을 명을 따서 상호를 정했다는 것이다. (중략)
    그래도 이 식당이 끌리는 것은 따로 있다. 남 사장님이 직접 튀긴 통닭을 서비스로 준다는 깃이다. 요즘 유행하는 말로 '겉바속촉' 지킨. 메뉴를 주문한 손님에게 반 마리씩 준다. 이장님 말로는 석 달 전 개업할 때부터 그렇게 주다가, 식당이 자리잡히자 몇 토막으로 낮춰 주었다고 한다. 시골 마을에서 개업하고 동네 사람들을 상대로 하는데, 초심을 잃었다는 소문이 퍼졌다. 점차 사람 발길이 뜸해졌고, 얼마 후 다시 반 마리로 환원했다.   -「조부동」일부

작가는 매일 텃밭으로 출근한다. 먹거리로 쓰일 갖가지 채소를 가꾸며, 농막에서 독서를 하고 글쓰기를 하다가, 지인들이 찾아오면 직접 커피를 내려주기도 한다. 야트막한 야산이 병풍처럼 둘러싸고 있는 그곳에서 마시는 커피는 푸르른 바다를 바라보며 마시는 커피와는 또 다른 맛과 매력이 느껴진다. 작가의 작품은 대다수 그곳에서 탄생하였다. 작가의 서재이기도 한 농막은 글의 텃밭을 가꾸는 중요한 장소라고 할 수 있다. 수필 「조부동」은 텃밭 인근에 자리한 식당을 소재로 한 작품이므로 텃밭 덕분에 탄생한 작품이라고 해도 과언이 아닐 것이다.

작가는 텃밭 소재의 마을 이장님과 함께 근처 식당을 찾는다. 그곳에서 알게 된 식당명의 유래와 식당에서 서비스로 나오는 통닭에 얽힌 이야기를 글로 담아낸다. 그는 그곳에서 만나는 사람들의 구수한 이야기도 담아낸다. 이곳을 찾는 사람들은 농사 이야기로 서로 안부를 전하고, 주차장에 떨어뜨린 주인 잃은 돈을 찾아주고, 깜빡하고 챙기지 않은 외투를 전달하는 일도 스스럼없이 한다. 식당 '조부동'은 잘나고 못난 사람으로 구분할 필요가 없으며, 경쟁에서 살아남기 위해 앞만 보고 달리느라 지친 사람도 잠시 쉬어갈 수 있는 곳이다. 작가는 이곳을 찾는 사람들을 보면서 자그마한 행복에 대해 말한다. 식당 '조부동'에서 일어나는 소소한 사건과 사람 사는 이야기를 통해 소확행을 느낀 것이다. 이는 이웃에 대한 관심이 없다면 발견할 수 없는 행복이다.

이처럼 작가의 관심이 바탕이 되어 탄생한 또 다른 작품 「버스정류장에 가 보자」를 감상해보겠다.

주문진 향호 해변에 가면 'BTS버스정류장'이라는 특이한 이름의 버스정류장이 있다. 그곳은 이미 SNS를 통하여 젊은 층에 많이 알려져 있다. 난 그런 층과 세대 차이가 있지만 궁금하기도 하고, 거기 가면 좀 젊어지지 않을까 하는 쓸데없는 기대감도 있어서 찾아가 보기로 했다. 향호해변 부근까지 가서 세 군데의 정류장 표지판을 유심히 살펴보았으나, 'BTS버스정류장'은 안 보였다. 결국 휴대폰에 있는 지도를 검색하고 나서야 찾아갈 수 있었다. (중략)
  어느 정도 되돌아가서 네비게이션을 보며 주변 안내판도 둘러보다가, 문득 건너편에 있는 버스정류장을 보게 되었다. 가까이 가서 정류장 표시 글을 보자 '권춘섭집앞정류장'이라는 글귀가 보였다. 대개 '○○마을', '○○관공서앞' 등으로 명칭을 정하는데, 일반인의 실명을 붙인 버스정류장 명칭은 처음 보았다. 마침 길을 가던 마을 어르신께 물어서 사연을 듣게 되었다.   -「버스정류장에 가 보자」일부

  작가는 주문진에 BTS 버스정류장이 있다는 사실을 알고 이를 찾아 나선다. 작가는 일반적인 버스정류장인 줄 알고 길을 나섰으나 찾을 수가 없어서 휴대폰 검색을 통해 찾을 수 있었다고 한다. 실제로 버스정류장의 역할을 하는 곳이 아니라, 뮤직비디오 '봄날'을 촬영할 때 만든 세트장이라는 사실도 알게 된다. 작가가 발품을 팔아서 알게 된 이러한 사실을 작품에 담아내지 않았다면, BTS에게 관심이 많은 사람이 아닌 다음에야 아무도 알지 못했을 것이다.
  작가는 유명인이 아니지만, 개인의 이름으로 지어진 버스정류장에 대해서도 알려준다. 태백에 있는 '바람의 언덕'으로 출사하

러 갔다가 돌아오는 길에 길을 잘못 들게 되면서 만나게 된 '권춘섭집앞정류장'이라는 명칭의 버스정류장이다. 작가는 길 가던 마을 어르신에게 물어서 버스 정류장이 생기게 된 사연을 듣게 된다. 지병으로 고생하는 아내를 위한 남편의 사랑으로 탄생한 버스정류장이라는 것이다. 이 사실을 알게 된 작가는 '길을 잘못 들었지만, 오히려 애틋한 이야기가 담긴 세상에 하나밖에 없는 버스정류장을 알게 된 것은 뜻밖의 소득이었다.'라고 말한다.

　작가는 사소해 보이는 것이라 할지라도 흘려버리지 않고 관심을 기울이며, 발품을 팔아서라도 자료를 모으는 일을 적극적으로 행한다. 이렇게 모은 자료를 분석하는 과정을 거친 후 탄생한 작가의 작품에는 우리 이웃들의 인생살이와 세상 이야기가 담겨 있다. 이처럼 숨어 있는 이야기를 파노라마로 펼칠 수 있는 것은 따뜻한 시선으로 세상을 담으려는 작가의 마음이 바탕이 되었기에 가능한 일이다.

따뜻한 시선으로 세상을 담다

　정호백 수필가의 작품에는 세상 이야기가 담겨 있다. 작가는 사람뿐만 아니라 작은 생물들에게도 관심을 기울이며 더불어 사는 세상을 이야기한다. 그는 자신의 체험을 바탕으로 한 작품을 통해 자연과 인간의 관계가 어떠해야 하는지 생태를 회복하기 위한 대안을 제시한다.

　작가의 생태수필을 읽다 보면, 월든 호수 근처에 집을 짓고 자급자족하며 소박하게 생활했던 소로가 떠오른다. 소로는 자연을 향해 늘 깨어있던 사람으로 널리 알려진 인물이다. 소로는 자신이 손에 들고 있는 점심을 노리고 옷 위를 타고 드는 생쥐와 헛간에 집을 지은 딱새와 오두막 벽에 보금자리를 마련한 개똥지빠귀와 더불어 사는 삶을 추구하였는데, 정호백 수필가도 딱새와 더불어 살기 위해 고심한 흔적을 작품에 고스란히 담아내고 있다.

    텃밭에 비닐하우스를 짓고 난 올해 이른 봄, 작은 새가 드나드는 게 보였다. 하우스 안에서 우편함을 만드는 중이었는데, 새는 그 속에서 이미 둥지를 반쯤 틀고 있었다. 하우스는 나도 수시로 드나드는 곳이어서 불가피하게 서로 불편한 존재가 될 수밖에 없었다. 새가 스스로 나갈 리는 만무, 우편함을 하우스 밖 조용한 곳에 살짝 옮겨 놓았다. (중략) 며칠 후 옮긴 우편함을 살펴보니, 녀석은 안 보이고 짓다 만 둥지만 있었다. 터전을 옮기는 바람에 알 품기를 포기하고 날아가 버린 것 같았다. (중략) 여름이 시작될 즈음, 지난번 그 우편함에 또 새가 들락거렸다. 살짝 들여다보니 둥지를 마저 짓고, 언제 낳았는지 알이 5개나 있었다. 또 녀석이 곤란해질까 염려되어 이번엔 무관심하기로 했다. (중략) 그런데 20여 일이 지날 즈음, 녀석들의 들락거림이 보이지 않았다. 둥지 안을 들여다보니 알만 5개 덩그러니 있었다. (중략) 하우스 안은 한여름엔 찜통으로 부화가 어렵다는 걸 알고 어미 새가 알 품기를 포기한 듯하다. 며칠 더 기다리다 양지바른 곳에 알을 고이 묻어주었다. (중략) 여름 한창쯤, 또 새가 등장했다. (중략) 어쨌든 둥지를 그대로 두면 또 도망갈 것 같아 묘안을 짜냈다. 우편함을 하루에 조금씩 슬금슬금 옮겼는데 눈치를 못 챈 것 같았다. 그렇게 하길 일주일. 드디어 하우스 반대편 문까지 옮겼다.

우편함 위에 우산을 씌워 뙤약볕을 가려 주었다. (중략) 마침내 둥지 안에서 짹짹거리는 소리가 들렸다. －「딱이야」 일부

작가가 텃밭 비닐하우스 안에서 만들고 있던 우편함 안에 딱새가 둥지를 틀기 시작한다. 유년 시절 새집을 들여다보다가 어미 새한테 머리를 쪼이는 바람에 다친 적이 있던 작가는 새와 불편한 동거를 피하려고 우편함을 하우스 밖으로 옮겨 놓는다. 그런데 그날부터 새들이 찾아오지 않아서 우편함을 하우스 안으로 도로 옮겨 놓는다. 그런데 여름이 시작될 즈음 또다시 딱새가 드나들기 시작하더니 알을 5개나 낳는다. 작가는 새들이 알 품기를 순조롭게 할 수 있도록 살금살금 다니면서 배려한다. 이러한 작가의 배려에도 불구하고 얼마 후부터 어미 새가 둥지를 떠나 돌아오지 않는다. 새들이 찜통더위 속에서 부화가 어렵다는 판단을 하여 이루어진 일이라는 걸 짐작한 작가는 곯아버린 알을 양지바른 곳에 묻어준다.

이처럼 두 번이나 실패했으므로 더는 찾아오지 않을 거라고 여겼던 딱새가 한여름에 또다시 찾아들어서 우편함에 둥지를 트는 일이 벌어진다. 두 번의 경험으로 터득한 바를 발판으로 하여 작가는 새들의 둥지인 우편함을 하우스 밖으로 옮기는 작업을 감행하는데, 새들이 눈치채지 못하게끔 매일 조금씩 옮긴다. 새들은 작가의 배려 덕분에 무사히 부화에 성공하여 다섯 마리의 새끼를 얻는 데 성공한다. 작가는 자신이 '산후조리사'가 되었다

고 말하며 어미 새에게 '딱이야'라는 이름을 지어준다. 작가는 자연의 섭리를 거스르지 않고, 그들의 삶을 크게 간섭하지 않으면서 가장 안전한 방법으로 더불어 사는 삶을 실천한 것이다.

딱이야는 둥지 옮기는 걸 눈치 못 챈 게 아니라, 자기 환경에 내가 방해꾼이 아니라는 걸 알았을 것이다. 어쩌면 녀석들이 내 텃밭의 원주인이었고, 느닷없이 들어선 비닐하우스가 낯설었을 것이다.

「딱이야」 일부

작가의 말처럼 인간이 자연의 방해꾼이지, 자연이 인간의 방해꾼은 아니다. 딱새들은 원래부터 자신들이 살고 있던 곳을 찾아 자연의 섭리를 따르고자 한 것인데, 인간이 편의에 의해 만든 비닐하우스가 그 자리를 차지한 것이고, 그들을 도우려는 마음에 하우스 밖으로 내놓았던 우편함을 본 새들은 자신들이 위험에 노출되었다는 불안감을 느끼게 되었을 것이다. 그런데도 새들은 자연의 섭리에 따라 소명을 다하기 위해 또다시 우편함에 둥지를 틀고 알을 낳았으나, 여름 햇살에 달구어진 하우스 안이 부화하기에 적합한 환경이 아님을 직감하고 이를 포기한 것이다. 이처럼 새들은 직관에 따라 움직이고 있는데, 이것이 곧 자연인 것이다. 그러므로 이러한 자연과 더불어 살기 위해서는 그들과 호흡을 같이하며 맞춰 나가려는 자세가 필요한데, 작가는 이를 깨닫고 그대로 실천한 것이다.

작가는 딱새가 비닐하우스 안에 있던 우편함에 둥지를 틀기 시작한 시점부터 시작하여, 두 번이나 부화에 실패한 새들이 드디어 부화에 성공하여 일가를 이루게 되어 텃밭을 떠나기까지의 과정을 매우 세세하게 들려준다. 작가가 따뜻한 시선으로 세상을 담으려는 작가의 마음과 삶의 태도가 바탕이 되었음을 작품 곳곳에서 발견할 수 있다. 이 작품은 인간도 타 생명과 동등한 생태계의 구성원이라는 인식을 바탕으로 하여 자연과 더불어 사는 삶을 추구하며, 자연과의 교감을 통해 사유하는 자세를 취한 작가의 노력으로 탄생한 수작(秀作)이다.

지금까지 정호백 수필가의 첫 수필집 『내 안의 파노라마』에 수록된 작품을 살펴보면서 작가의 수필 세계를 음미해보았다. 작가의 수필은 진솔하고 따뜻하며, 작가의 따뜻한 마음과 관심이 느껴진다. 이를 통해 휴머니즘 메신저로서의 작가의 모습을 읽을 수 있다. 그렇기에 작가가 들려주는 인생살이와 세상 이야기는 독자들의 공감을 불러일으키며, 호기심을 자극하여 글 속으로 빠져들게 하는 매력이 있다. 파노라마처럼 펼쳐지는 작가의 글을 따라가다 보면 어느새 작가의 삶의 태도와 철학이 풍기는 매력에 빠져든다. 이는 작가의 수필이 지닌 특장점이라고 할 수 있다.

글쓰기에 진심이며 성실한 자세로 창작에 매진하고 있는 작가의 빼어난 작품들을 접하고 평할 수 있어서 매우 기쁘다. 수필집 『내 안의 파노라마』 출간을 축하하며, 훌륭한 수필가로 성장하기를 바라는 마음을 담아 응원과 지지를 보낸다.

내 안의 파노라마

발행일 2024년 11월 30일

지은이 정호백

발행인 강병욱
발행처 도서출판 교음사

03147 서울 종로구 삼일대로 457 수운회관 1308호
Tel (02) 737-7081, 739-7879(Fax)
e-mail : gyoeum@daum.net
등록 / 제2007-000052호

* 잘못된 책은 바꿔 드립니다. 값 15,000원
ISBN 978-89-7814-036-2 03810

- 이 책은 강원특별자치도 강릉문화재단 후원으로 발간되었습니다.